江苏省安全生产培训系列教材

企业内机动车驾驶作业

（复　训）

主编　沈　旭　吴明山
主审　高进军

东南大学出版社
· 南京 ·

内容提要

本教材根据国家安全生产监督管理总局《特种作业人员安全技术培训大纲及考核标准》要求，以及江苏省安全生产管理范围，结合江苏企业的企业内车辆具体情况编写。

本教材对企业内车辆驾驶人员应知应会的车辆基础知识、特种作业机械（常见）规章规程等作了比较详细的介绍，内容比较全面、通俗易懂。

本书两本为一套，是为企业内机动车驾驶作业人员安全技术培训和考核的初训和复训学习用，同时也可作为企业单位安全管理干部和相关工程技术人员的参考书。

图书在版编目(CIP)数据

企业内机动车驾驶作业.复训/沈旭，吴明山主编.
—南京：东南大学出版社，2007.7(2011.7重印)
ISBN 978-7-5641-0719-2

Ⅰ.企… Ⅱ.①沈…②吴… Ⅲ.机动车—驾驶员—安全技术—技术培训—教材 Ⅳ.U471.3

中国版本图书馆CIP数据核字(2007)第051878号

书　　名　企业内机动车驾驶作业
主　　编　沈　旭　吴明山
责任编辑　张　慧
出版发行　东南大学出版社
（江苏省南京市四牌楼2号东南大学校内　邮政编码210096）
网　　址　http://press.seu.edu.cn　**E-mail:** editorzhang@126.com
印　　刷　南京京新印刷厂印刷
开　　本　700mm×1000mm　1/16
印　　张　9
字　　数　182千字
版次印次　2007年7月第1版　2011年7月第6次印刷
书　　号　ISBN 978-7-5641-0719-2
定　　价　11.80元

（东大版图书若有印装质量问题，请直接与读者服务部联系，电话025-83792328）

江苏省安全生产培训教材
编委会成员名单

一、编写委员会

主　任：徐郭平
副主任：陆贯一　赵建军　刘文华
委　员：（按姓氏笔画排列）
马　群　冯志明　丛跃滋　刘荣林　许亦武
乔　勇　华仁杰　苏　斌　张登平　陈忠伟
谷红彬　余树培　杨　涛　杨淮宝　肖正亚
单昕光　赵启风　赵兴根　赵昶东　赵和平
夏天南　彭寿保　褚福银　潘　振
编委会办公室主任：刘荣林
编委会办公室副主任：肖正亚　赵和平　褚福银

二、编写工作领导小组

组　长：刘荣林
副组长：褚福银　肖正亚　赵和平
成　员：吴孝洪　李守标　李建军　程继平

三、教材编写业务技术组

组　　　长：李守标
技术组负责人：朱兆华
业务组负责人：李建军

序

安全生产事关千家万户的平安和幸福。在新的发展阶段,我们要以邓小平理论和“三个代表”重要思想为指导,全面落实科学发展观,以更大的决心、更扎实的工作、更务实的作风,落实各项治本之策,切实抓好安全培训和安全教育工作,推进江苏省安全生产形势持续稳定发展,为构建和谐社会、建设平安江苏,实现江苏又好又快地发展作出新的贡献。

人是安全生产的实践主体,人的安全素质、技能的高低决定了安全生产工作的好坏。坚持以人为本的科学发展观,落实“安全第一,预防为主,综合治理”的方针,有效控制各类安全生产事故,关键在于提高全民安全文化素质,在于提高社会公众对安全价值观念的深刻理解,在于规范人们在生产活动中的行为。因此,一定要提高人们对安全教育工作重要性的认识,充分认识到安全培训是预防和减少各类安全生产事故的奠基工程、战略工程,是长效机制和治本之策。必须全面开展安全教育培训工作。

抓好安全教育培训的一项十分重要的基础性工作,就是安全培训教材建设。教材是教学培训内容的文化载体,是教师进行教学和学员获得知识的重要工具和具体依据。为此,江苏省安全生产监督管理局组织全省具有丰富培训工作经验的专家、教授和工程技术人员共同编写了这套教材。现已开发包括电工、焊工、企业安全生产管理等9种14本新编教材,同时开发了与教材配套的习题库和习题集,在全省的安全培训中取得了良好的教学使用效果。为实现全省系统化、科学化、规范化的安全培训打下了良好的基础。

本套教材的编写以国家安监总局培训考核大纲为依据,结合了江苏省安全生产工作实际,突出了新的安全生产教育理念和创新精神,遵循成人学习认知规律,具有科学性、先进性、实用性的特点,是全省生产经营单位负责人和特种作业人员进行安全技术培训的指定教材,同时也是安全生产管理人员、工程技术人员的工具书。

应当指出,为了编写好这套教材,所有参加编写和参与组织工作的同志们都以高度负责的精神忘我工作,为此付出了辛勤的劳动。在编写和出版过程中,各市县安监部门的同志和省内从事安全生产工作的专家们提出了不少宝贵意见和建议,给予了大力的支持,在这里一并表示谢意。

江苏省安全生产监督管理局局长
江苏省煤矿安全监察局局长
徐郭平
二〇〇七年三月二十一日

目　录

第一章　绪　论

第一节　复训的目的和有关规定

一、复训的目的

复训是对企业内机动车驾驶作业人员在前一周期内的安全生产情况的检查和总结,并在此基础上进行再一次学习和提高。

根据统计,企业内机动车的安全生产事故占整个工伤死亡事故的25%,说明企业内机动车驾驶作业存在一定的安全事故隐患,对企业内机动车驾驶员进行复训教育是减少或杜绝安全事故的有效方法和手段。

复训除了对驾驶员的违章行为进行检查和分析外,还要学习巩固原有的知识;学习各种安全管理制度、规定;学习交流驾驶作业经验;学习新材料、新技术的应用,更好地、安全地驾驶作业。

二、复训的规定

1. 取得企业内机动车驾驶操作证的作业人员,由地市级以上安全主管部门或其认定的培训单位每两年复训一次。

2. 复训不合格者,可在两个月内再进行一次复训,仍不合格者,收缴其操作证。凡未经复训者,不得继续独立作业。

3. 作业人员发生违章或责任事故,受扣证处分,期限未满或违章肇事后未结案的不能复训,待处分期满或结案后方可办理复训。

4. 在操作证有效期内,脱离作业岗位连续超过一年的,如需继续从事驾驶作业工作,须按初考规定重新进行考核。

三、复训的内容

1. 进行体检。对两年来驾驶员的生理情况进行检查,看有无不适应机动车驾驶作业的禁忌症,如高血压、心脏病、精神病等,听力、视力须正常。如果危及驾驶安全作业就应调离原岗位。

2. 对事故责任的处理。如果驾驶作业人员由于违章或责任事故,受到了警告、罚款或扣证处理,在复训期间,应该帮助其分析原因,吸取教训。对事故性质严重又认识不足、态度不端正的,应当从严处罚直至取消其企业内机动车驾驶作业资格。

3. 复训考核包括安全技术理论和实践操作两部分。巩固原来本工种的安全技术操作规程;深入学习安全技术理论;了解、学习新技术、新知识;进一步提高安全意识,牢固树立安全第一、预防为主的思想。两部分均考核合格则为考核合格。

第二节　企业内机动车驾驶作业的安全管理

一、对企业内机动车驾驶员的基本要求

1. 从事企业内机动车辆驾驶的人员应具有良好的职业道德,热爱本职工作,遵章守纪,法制观念强。

2. 从事企业内机动车辆驾驶的人员必须年满18岁,具有初中以上文化程度,身体健康,反应灵敏,具体条件应当符合下列标准:

(1) 身高在1.5米以上,驾驶大型车的,身高在1.6米以上;

(2) 两眼视力均在0.7以上(包括矫正视力);

(3) 无色盲、色弱;

(4) 无耳聋,左右耳距音叉0.50米能够辨清声音方向;

(5) 心、肺、血压均正常;

(6) 无精神病、高血压、心脏病、突发性昏厥及其他妨碍从事本工种的疾病和生理缺陷。

已过退休年龄者不得从事驾驶工作(不再复训)。

3. 企业内机动车驾驶员应当保持相对稳定,凡取得操作证的要定期参加安全学习和复训培训。

4. 持证上岗操作。操作证要随身携带,便于有关部门随时检查,培训期间的实习人员必须在师傅的指导下学习操作,并经过不少于六个月的实习期。无师傅带领不得单独作业,技术熟练经考核合格,取得操作证后方可单独作业。

5. 作业人员必须认真学习《工业企业厂内铁路、道路运输安全规程》、《厂内机动车辆安全管理规定》和本工种的安全操作规程,严格遵守各项安全管理制度和规定。

二、企业内机动车作业的安全管理

企业内机动车的安全管理是企业安全管理的重要组成部分,主要工作有保障安全生产的组织措施、技术措施、安全教育、安全检查及场内交通管理和事故处理。

1. 建立健全各项规章制度

根据企业实际情况建立健全适合本企业的各项规章制度,使管理人员和驾驶作业人员有章可循。如:

(1) 各车型(机型)的安全操作规程。

(2) 驾驶作业人员的安全教育制度。

(3) 驾驶作业人员安全技术的安全考核制度。包括教育、培训、违章、事故等

情况应当建立考核制度。

(4) 车辆的管理、使用、维修、保养、检验、更新、报废等制度。

(5) 奖惩制度。

2. 安全技术措施

加强和改进安全技术措施的主要目的是为了改善企业内机动车运输作业环境,提高车辆安全技术状况,保护操作者的安全和健康。

(1) 做好车辆的管、用、养、修工作,提高车辆的技术等级。提高车辆的技术等级是做好安全作业的前提,要及时做好车辆的维护保养工作,及时更新改造应报废的车辆,提高车辆的可靠性、安全性。

(2) 改善车辆作业环境。采取措施减少驾驶员视线的盲区,减少道路拥挤现象,提高夜间作业现场灯光照明度,合理设置交通、安全标志。

(3) 保护操作者的安全与健康。主要是改善现场作业条件和工作环境,及时整改事故隐患,采取各种手段提高作业者的技术素质。

3. 安全教育

安全意识的培养是一个长期的教育感化过程,不经常进行安全学习的人,安全意识会"钝化"。经常对驾驶作业人员、装卸人员以及现场作业人员进行安全教育,是帮助作业者树立"安全第一、预防为主"思想的有效途径,防止事故发生的有效手段。

安全教育的方式是多样的:安全技术培训班、典型事故案例分析、安全经验交流、方针政策学习、墙报宣传、文艺宣传、先进人物宣传等。

4. 安全检查

安全检查的目的是发现管理过程中驾驶作业人和车辆等的安全隐患并加以解决。

(1) 管理过程的检查。利用检查表针对管理的项目进行检查,发现安全管理漏洞与不足,以促进安全生产。

(2) 机动车辆的检查。通过对车辆的检查,消除不安全因素,保证车辆处于良好的技术状况,满足安全运行的要求。

(3) 对驾驶员的检查。主要检查驾驶员的安全观念、遵章守纪、安全操作以及对车辆的养护等情况。督促驾驶员控制自己的不良习惯,减少或改变不安全行为,以实现安全运输。

5. 车辆事故管理

详见第八章。

第二章　特种作业人员应知的相关法律、法规知识

法律是我们公民的行为准则,更是机动车驾驶员的安全守护神。机动车辆驾驶人员,因违反法律、法规等,在公路、街道等处发生交通事故,根据《中华人民共和国道路交通安全法》(以下简称《道路交通安全法》)的规定,需要承担法律责任,情节严重的,可能要承担刑事责任:交通肇事罪。企业内机动车驾驶员在厂区内发生安全事故,同样要承担法律责任,情节严重的,可能构成重大责任事故罪。对于机动车驾驶员来说,交通肇事罪和重大责任事故罪,其犯罪的构成基本相似,但罪名不同,其主要区别在于事故发生的地点和侵害的客体的范围大小不同。

企业内机动车驾驶员要做到不伤害自己、不伤害他人、不被他人伤害,必须学习和掌握有关法律、法规:《中华人民共和国安全生产法》(简称《安全生产法》)、《中华人民共和国刑法》(简称《刑法》)、《中华人民共和国劳动法》(简称《劳动法》)、《道路交通安全法》的有关条款以及 GB4387－1994《工业企业厂内铁路、道路运输安全规程》、GB5306－1985《特种作业人员安全技术考核管理规则》、GB11342－1989《厂矿企业内机动车辆驾驶员安全技术考核标准》等国家有关标准和操作规程。

第一节　相关法律知识

一、安全生产法相关法律知识

为了保障职工的合法权益,防止和减少安全生产事故,维护安全生产秩序,保证安全生产,促进企业经济效益和社会效益的同步提高,《中华人民共和国安全生产法》在安全生产保障方面对从业人员的教育和培训、对从业的权利和义务以及对生产经营单位、从业人员在生产经营活动中的违法行为的处罚等方面作了法律规定。这些法律规定是特种作业人员必须掌握的法律常识。

(一)《中华人民共和国安全生产法》在安全生产保障方面对从业人员的教育和培训的规定

《中华人民共和国安全生产法》第六条　生产经营单位的从业人员有依法获得安全生产保障的权利,并应当依法履行安全生产方面的义务。

从业人员既是安全生产保护的对象,又是实现安全生产的基本要素。为了实现安全生产,防止和减少安全生产事故,必须保障生产经营单位的从业人员依法享

有获得安全保障的权利，同时，从业人员也必须履行安全生产方面的义务。

《中华人民共和国安全生产法》第十一条 各级人民政府及其有关部门应当采取多种形式，加强对有关安全生产的法律、法规和安全生产知识的宣传，提高职工的安全生产意识。

职工的安全意识是职工对安全生产问题的有关知识、观念和心理因素的总和，包括对有关法律、法规的了解和对安全生产知识（操作规程、安全要求、行业标准等方面）的掌握程度。

职工的安全生产意识的强弱，对能否保障安全生产具有十分重要的影响。现实生活中的许多安全生产事故，都与职工的安全生产意识不强有直接的关系。因此，提高职工的安全意识，是减少或杜绝生产安全事故、保障安全生产的关键所在，也是解决安全生产问题的基础性、长远性、根本性的工作。提高职工的安全生产意识的重要途径就是加强对有关安全生产的法律、法规和有关安全生产知识的宣传教育。

《中华人民共和国安全生产法》第十三条 国家实行生产安全事故责任追究制度，依照本法和有关法律、法规的规定，追究生产安全事故的责任人员的法律责任。

依法追究生产安全事故有关责任人的法律责任，对于惩罚和教育责任者本人、促使有关人员提高责任心，保证安全生产的法律法规得到遵守，保障安全生产，具有十分重要的意义。这是第一次以基本法的形式宣布实行安全生产事故责任追究制度。

安全生产事故责任人员包括：对造成事故负有直接责任的人员、对安全生产负有领导责任的单位负责人和有关地方人民政府及其有关部门对安全生产事故的发生负有领导责任或者有失职、渎职情形的有关人员。

《中华人民共和国安全生产法》第二十一条 生产经营单位应当对从业人员进行安全生产教育和培训，保证从业人员具备必要的安全生产知识，熟悉有关的安全生产规章制度和安全操作规程，掌握本岗位的安全操作技能。未经安全生产教育和培训的从业人员，不得上岗作业。

生产经营活动最直接的承担者就是从业人员，每个从业人员的具体生产经营活动安全了，整个生产经营单位的安全生产就得到了保障。生产经营单位必须承担对从业人员进行安全生产教育和培训的义务的规定，是一项法定义务，是一项制度，也是落实“安全第一，预防为主”方针的必然要求，更是关系到从业人员生命安全的大事。因此，禁止未经安全生产教育和培训的从业人员上岗作业，是“防患于未然”的重要措施，也是保障人民群众生命和财产安全的重要体现。

《中华人民共和国安全生产法》第二十三条 生产经营单位的特种作业人员必须按照国家有关规定经专门的安全作业培训，取得特种作业操作资格证书，方可上岗作业。

生产经营单位内的机动车辆驾驶作业人员，是特种机械作业操作人员，规定必须取得特种作业资格证书,才能上岗作业。

(二)《中华人民共和国安全生产法》对从业人员的权利和义务的规定

1. 从业人员应享有的权利

(1) 从业人员有依法获得社会保险的权利;

(2) 从业人员有了解作业场所和工作岗位存在的危险的权利;

(3) 从业人员有权了解和掌握事故的防范措施和事故应急措施,并对本单位的安全生产工作提出意见和建议;

(4) 从业人员有对安全生产工作中存在的问题提出批评、检举和控告的权利,有权拒绝违章指挥和强令作业;

(5) 从业人员发现直接危及人身安全的紧急情况时,有紧急避险的权利;

(6) 从业人员因生产安全事故受到损害时,除依法享受工伤社会保险外,还有依照民事法律的规定向本单位提出赔偿要求的权利。

2. 从业人员必须履行的义务

(1) 有义务遵守国家有关安全生产的法律、法规和规章;

(2) 从业人员有义务在作业过程中,严格遵守本单位的安全生产规章制度和操作规程,服从安全生产管理;

(3) 从业人员有义务在作业过程中,正确佩戴和使用劳动防护用品;

(4) 从业人员有义务自觉接受生产经营单位有关的安全生产教育和培训,掌握所从事工作应当具备的安全生产知识;

(5) 从业人员在作业过程中发现事故隐患或者其他不安全因素,应当立即向现场安全生产管理人员或本单位的负责人报告。

(三)《中华人民共和国安全生产法》对生产经营单位、从业人员在生产经营活动中的违法行为的处罚规定:

《中华人民共和国安全生产法》第八十二条　生产经营单位有下列行为之一的,责令限期改正;逾期未改正的,责令停产停业,可以并处二万元以下的罚款:

第三款　未依照本法第二十一条、第二十二条的规定对从业人员进行安全生产教育和培训,或者未按照第三十六条的规定如实告知从业人员有关的安全生产事项的;

第四款　特种作业人员未按照有关规定经专门的安全作业培训并取得特种作业操作资格证书,上岗作业的。

《中华人民共和国安全生产法》第八十三条　生产经营单位有下列行为之一的,责令限期改正;逾期未改正的,责令停止建设或者停产停业整顿,可以并处五万元以下的罚款;造成严重后果、构成犯罪的,依照刑法有关规定追究刑事责任:

第六款　未对安全设备进行经常性维护、保养和定期检测的;

第七款　未为从业人员提供符合国家标准或者行业标准的劳动防护用品的;

第八款 特种设备以及危险物品的容器、运输工具未经取得专业资质的机构检测、检验合格,取得安全使用证或者安全标志,投入使用的;

第九款 使用国家明令淘汰、禁止使用的危及生产安全的工艺、设备的。

第九十条 生产经营单位的从业人员不服从管理,违反安全生产规章制度或者操作规程的,由生产经营单位给予批评教育,依照有关规章制度给予处分;造成重大事故,构成犯罪的,依照刑法有关规定追究刑事责任。

二、刑法有关规定

《中华人民共和国刑法》第一百三十三条规定:从事交通运输的人员违反交通运输管理法规,因而发生重大事故,致人重伤、死亡或者使公私财产遭受重大损失的,处三年以下有期徒刑或者拘役;情节特别恶劣的,处三年以上七年以下有期徒刑。

这条刑法讲了三层意思:

第一,构成重大责任事故罪的原因是驾驶员违反规章制度(如交通规则、所在地区制定的交通规则的实施细则、有关部门制定的安全管理制度和操作规程等)。如果驾驶员没有违章,即使出现事故,驾驶员原则上不承担法律责任。这就要求驾驶员必须坚决消灭违章。

第二,重大交通事故的标准是"致人重伤、死亡或者使公私财产遭受重大损失"。如违章造成的事故达不到重大事故标准,则不构成犯罪。但这类事故也要根据有关规定给予必要的行政处分、纪律处分或监理处分,或由公安机关依照治安管理处罚条例予以处罚。

必须提请驾驶人员注意,当发生车辆事故后,要保护现场,积极组织对伤者的抢救。因抢救不及时或抢救不力,本来可以救活的人员却永别了人世,本来是一般伤害可能转化成严重伤害。

同样一个事故,对于不同的人、不同的环境,会造成不同的后果,只有在医疗后才最终认定受伤性质,因此事故发生后首先要组织抢救,不能存侥幸心理,不能认为事故不大,思想麻痹,放松抢救或治疗工作。发生事故后,积极主动抢救伤员,认真保护现场,这是驾驶员职业道德的一个方面。

第三,是重大事故的量刑原则。驾驶员增强法制观念,一方面是自己严格遵守法规。另一方面,有权拒绝违章指挥;险情特别严重时,有权停止作业,采取紧急防范措施;对漠视安全的领导者,有权提出批评、检举和控告。

另外,刑法还有多条内容对安全生产的违法行为作了法律规定。

第一百三十四条规定:工厂、矿山、林场、建筑企业或其他企业、事业单位的职工,由于不服管理,违反规章制度,或者强令工人违章冒险作业,因而发生重大伤亡事故或者造成其他严重后果的,处三年以下有期徒刑或者拘役;情节特别恶劣的,处三年以上七年以下有期徒刑。

第一百三十五条规定:工厂、矿山、林场、建筑企业或者其他企业、事业单位的劳动安全卫生设施不符合国家规定,经有关部门或者单位职工提出后,对事故隐患仍不采取措施,因而发生重大伤亡事故或者造成其他严重后果的,处三年以下有期徒刑或者拘役;情节特别恶劣的,处三年以上七年以下有期徒刑。

第一百三十六条规定:违反爆炸性、易燃性、放射性、毒害性、腐蚀性物品的管理规定,在生产、储存、运输、使用中发生重大事故,造成严重后果的,处三年以下有期徒刑或者拘役;后果特别严重的,处三年以上七年以下有期徒刑。

第三百九十七条规定:国家机关工作人员滥用职权或者玩忽职守,致使公共财产、国家和人民利益遭受重大损失的,处三年以下有期徒刑或者拘役;情节特别严重的,处三年以上七年以下有期徒刑。本法另有规定的,依照规定。

国家机关工作人员徇私舞弊,犯前款罪的,处五年以下有期徒刑或者拘役;情节特别严重的,处五年以上十年以下有期徒刑。本法另有规定的,依照规定。

三、劳动法及其他法律、法规

《中华人民共和国劳动法》有关安全生产的条款:

第五十二条　用人单位必须建立、健全劳动安全卫生制度,严格执行国家劳动安全卫生规程和标准,对劳动者进行劳动安全卫生教育,防止劳动过程中的事故,减少职业危害。

劳动者在生产过程中度过的时间很长,而且在劳动中发生伤亡事故和职业病的可能性较大,只有加强生产过程中的安全技术和生产卫生工作,保证劳动者得到正常的、符合安全技术和生产卫生要求的劳动条件,才可能防止劳动过程的事故,大大减少职业病的危害,从而使劳动者的安全和健康得到有力的保证。因此,用人单位必须贯彻“安全第一”的方针,建立、健全劳动安全卫生制度,严格遵守和执行国家的劳动安全卫生规程和标准。同时,本着“预防为主”的原则,强调用人单位要加强对劳动者进行劳动安全卫生教育,防止和避免可能发生的伤亡事故,消除有损劳动者健康的各种不卫生的因素。这些都是用人单位应该履行的重要法律义务。

第五十五条　从事特种作业的劳动者必须经过专门培训并取得特种作业资格。

本条是对从事特种作业劳动者培训和资格的特殊规定和专门要求,特别强调加强对从事特种作业劳动者的安全生产教育和技术培训工作,现在以法律的形式规定下来,更强化了用人单位的责任和劳动者的义务。从事特种作业的劳动者必须经过专门培训,以正确认识工作性质、掌握安全要求、熟悉操作规程。在加强安全生产教育和进行专门性的技术培训的基础上,还必须经过严格的考核,只有通过从事特种作业安全技术规程和有关规章制度的考试合格,取得特种作业资格后,才准许办理有关手续,方可上岗操作。

第五十六条　劳动者在劳动过程中必须严格遵守安全操作规程。

本条是关于劳动者在安全生产方面所承担义务的规定。

劳动者在劳动过程中必须严格遵守安全操作规程,这是对劳动者在劳动过程中最起码、也是最基本的要求。安全操作规程,是根据生产性质和技术设备的特点,分别工种工序制订出切实可行的规定劳动者操作方法和使用设备的注意事项和规章制度,只有严格遵守,才能保证安全生产,因此,劳动者有义务严格遵照执行。同时,劳动者对用人单位管理人员违章指挥、强令冒险作业、不遵守安全操作规程的行为,有权抵制,拒绝执行;对危害生命安全和身体健康的行为,有权提出批评、检举和控告。劳动者在行使以上权利时,任何单位和个人都不能拒绝阻挠,更不能打击报复,必须本着对劳动者的安全和健康高度负责的精神,立即整改,否则,必须承担相应的法律责任。

另外,《道路交通安全法》是企业内机动车驾驶员必须学习和遵守的重要法律之一,是指导我们安全行车、作业的准则,学员可以参阅相关资料,这里不再赘述。

一旦触犯法律、违反法规及规章制度,将承担相应的责任:民事责任、刑事责任。承担民事责任主要是受到行政处罚或经济处罚;承担刑事责任主要是因为触犯刑法,给人民生命、财产安全造成严重的后果或重大损失,是最严厉的处罚。

第二节　企业内车辆运输安全规程

一、企业内道路规程

(一) 企业内道路的分类

企业内道路根据位置、作用及交通的性质不同,一般分为以下六类:

1. 主干道:全厂性的主要道路,一般为主出入口道路。
2. 次干道:企业内车间、仓库、码头等之间的主要交通运输道路。
3. 辅助道路:车间和行人通过较少的道路(如专供通往企业内外水泵站、总变电所等的道路)及消防道路等。
4. 车间外道路:车间、仓库等出入口与主次干道或辅助道路相连接的道路。
5. 车间内通道:设备、工序之间半成品、成品的运输道路。
6. 人行道:车间之间的人行通道和人流量较大的主干道两侧所修筑的人行道。

(二) 企业内道路的安全规程

1. 企业内道路

为了便于企业内车辆的安全运输,要求道路的平面布置(交叉路口、转弯半径等)、路面质量、宽度、坡度等应适应企业内的通行和防振、防尘及装卸搬运机械化等的需要。因此,企业内道路的设计应符合《厂矿道路设计规范》和《工业企业厂内铁路、道路运输安全规程》的规定。

(1) 路面宽度和纵截面斜坡应满足表 2-1 的要求。一般情况下企业内主次干道的最大纵坡度不得大于 8%,经常运送易燃易爆危险品专用道路的最大纵坡度不得大于 6%。

表 2-1　路面宽度和纵坡度表

道路分类			主干道	次干道	辅助道路	厂房引道
路面宽度/m	汽车	大型厂矿	7～9	6～7	3.5～6	与车间大门宽度相适应
		中型厂矿	6～8	3.5～6	3.5	
		小型厂矿	6	3.5	3	
最大纵坡度/%	汽车	平原地区	6	8～9	8～10	同上
		山　区	8	8～9	8～10	8～11
	蓄电池搬运车		4			5

注:计算车速为:汽车 15 km/h,蓄电池搬运车 8 km/h。

道路的纵坡度通常用某坡度两点间高度差(垂直距离)与道路中心线的水平长度(水平距离)的百分比来表示。这个百分比数越大,坡路越陡;反之,坡路越缓。如图 2-1 所示,A、B 两点的水平距离为 120 m,高度差为 4.8 m,其比值 4%,即为其坡路的纵坡度。

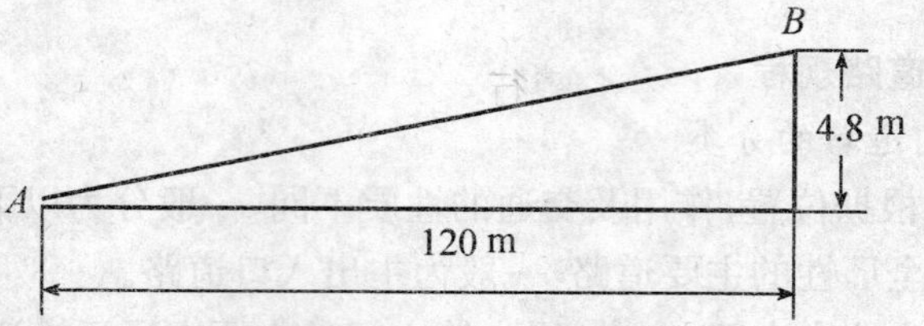

图 2-1　道路坡度

(2) 企业内机动车辆最小转弯半径应满足表 2-2 的要求。

表 2-2　最小转弯半径

车　辆　类　型	最小转弯半径/m
40～60 t 平板车	15～18
15～25 t 平板车	12～15
汽车带一辆挂车	9～12
二轴载重汽车	8～9
三轮车	3～4

(3) 道路交叉路口处的纵断面高度处,应保证车辆驾驶员有足够的视野。如表 2-3 的视距范围内不应有阻碍视线的障碍物。

表 2-3　视距

视 距 类 别	视　距/m
会车距离	30
停车视距	15
交叉路口	20

(4) 停车场内为了便于排水，一般采用5%～10%的坡度，停车场的布置应符合有关规定。

(5) 企业内道路平行于铁路线且与铁路路基在同一平面时，其间应有排水沟，道路边缘与铁轨的最小距离应不小于3 m。

(6) 跨越道路上空架设的管线或其他构筑物距路面的最小净距不得小于5 m。

(7) 人流量较大的主干道两侧应修筑人行道，其宽度不应小于1.5 m。

(8) 企业内道路应设置交通标志，其设置位置、形式、尺寸、颜色等须符合国家安全标志的要求。

(9) 易燃、易爆产品的生产区域或贮存仓库区，应根据安全生产的需要，将道路划分为限制车辆通行或禁止车辆通行的路段，并设置标志。

(10) 企业内道路的交叉路口，高峰时间或者交通量比较繁忙而视线条件达不到规定要求的，应有专人指挥和设置信号灯。

(11) 企业内道路应经常保持路面平整、路基稳固、边坡整齐、排水良好，且应有完好的照明设施。

(12) 企业内干道与职工人数较多的生产车间衔接的人行通道，如跨越铁路线群，应设置人行地道或天桥。

(13) 在职工上、下班时间内人流密集的出入口和路段，应停止行驶货运机动车辆。

(14) 路面狭窄或交通量大、容易堵塞的道路，应尽量实行单向通行。

(15) 企业内道路在弯道、交叉路口的横净距范围内，不得有妨碍驾驶员视线的障碍物。

(16) 路面宽度9 m以上的道路，应划中心线，实行分道行车。

(17) 工厂或各主要车间应设置自行车棚，对自行车进行集中管理。

(18) 在道路施工期间，工地应按规定设置施工标志，采取必要的安全防范措施。

2. 车间通道

(1) 车间、库房的门洞应符合表2-4的规定。

表 2-4　最小门洞尺寸(m)

通行要求	单人	双人	手推车	轻型载货汽车	中型载货汽车	重型载货汽车	穿进车间的消防通道	汽车起重机	铁路车辆机车
门洞宽	0.9	1.5	1.8	3	3.5	3.6	4	4	4.5
门洞高	2.1	2.1	2.1	2.7	3	3.9	4	4	5.4

车间、库房的进、出口处应根据车间、库房通道情况和作业区域情况设置安全标志或限速标志。

(2) 车间、库房内的通道宽度应符合表 2-5 的规定。

表 2-5　车间、库房通道的宽度

通道要求	最小宽度/m
行人通道	≥1
电瓶车通道	≥1.8
电瓶车对开通道	≥3
汽车或叉车通道	≥3.5

注:1. 宽度标志线应明显清晰。
2. 跨度之间通道上的平板车轨道应埋在地坪内。
3. 进入车间的铁路线轨道顶面应与地面平行。

二、车辆状况

(一) 车辆牌证发放

限于企业内行驶的机动车辆,必须由国家规定的主管部门核发号牌和行驶证,牌证不准挪用、涂改、伪造。

(二) 车辆定期检查、检验

限于企业内行驶的机动车辆,必须按企业内车辆主管部门规定的时间,对车辆技术状况进行详细全面检查,对查出的问题必须及时进行整改。逾期未经检验的车辆,不得行驶。

主管部门一般两年检验一次,企业可以根据自身情况,制定合理的车辆检验周期。

(三) 车辆安全装置要求

机动车辆的制动器、转向器、轮胎、阻火器、喇叭、灯光、雨刮、后视镜等安全装置必须保持齐全、可靠、有效。在行驶中,如制动器、转向器、喇叭、灯光等发生故障,应停车修复后方准行驶。雨雪天雨刮发生故障后同样要停车修理,修复后方准开车。

（四）载人货车的安全要求

经常用于载人的货车，必须装有扶梯、拉手、拉杆等安全附件。车厢栏板高度不能低于1米，车厢两侧栏板间应有保险索链。如车厢上安装车篷，大型车厢不得高于1.75 m，小型车车篷不得高于1.65 m。

（五）车辆牵引挂车安全要求

机动车牵引挂车时必须符合下列安全要求：

1. 牵引车和挂车的连接装置必须牢固，并应挂保险链条。挂车的牵引架、挂环发现裂纹、扭曲、脱焊、严重磨损时，不得使用。

2. 牵引车与挂车之间、挂车前后轮之间应安装防护栏栅。

3. 牵引车在空车情况下，不得拖带重载挂车。

4. 每辆车只准牵引一辆挂车。

5. 挂车应安装自动制动装置、灯光和显示标志。

6. 挂车宽度超过牵引车时，牵引车前保险杆两端，应安装与挂车宽度相等的标杆，标杆顶端安装标灯。

（六）机动车拖带损坏车辆安全要求

1. 被拖带的车辆应由正式驾驶员操纵。

2. 小型车不准拖带大型车。

3. 拖带车辆时不得背行。

4. 每车只准拖带一辆，牵引索的长度应在5～7 m之间。

5. 拖带制动器失灵的车辆须用硬牵引，即车头与拖挂之间必须采用刚性连接。不准拖带转向器失灵的车辆。

6. 夜间拖带损坏车辆时，被拖带车辆的灯光应齐全有效，牵引车应安装与挂车宽度相等的标杆。

7. 在走合期的新车、大修车，不得拖带车辆。

三、车辆装载

（一）企业内机动车辆装载必须符合的要求

1. 车辆调度人员的责任

车辆调度人员在下达运输作业计划前，应预先了解运行线路、货源情况及装载情况。下达计划时，应将货运路线、装卸场所、天气预报情况、安全要求等向驾驶员详细交代清楚并做安全记录。

2. 车辆装载负荷

车辆装载不得超过行驶证上核定的数量。

3. 车辆货物的几何尺寸

（1）大型货运汽车载物，高度从地面起不准超过4 m，宽度不准超出车厢，长度前端不准超出车身，后端不准超出车厢2 m，超出部分不准触地。

(2) 大型货运汽车挂车和大型拖拉机挂车载物,高度从地面起不准超过 3 m,宽度不准超出车厢,长度前端不准超出车身,后端不准超出车厢 1 m。

(3) 载质量在 1 000 kg 以上的小型货运汽车载物,高度从地面起不准超过 2.5 m,宽度不准超出车厢,长度前端不准超出车身,后端不准超出车厢 1 m。

(4) 载质量不满 1 000 kg 的小型货运汽车、小型拖拉机挂车、三轮摩托车载物,高度从地面起不准超过 2 m,宽度不准超出车厢,长度前端不准超出车身,后端不准超出车厢 50 cm。

(5) 二轮摩托车、轻便摩托车载物,高度从地面起不准超过 1.5 m,宽度左、右各不准超出车把 15 cm,长度不准超出车身 20 cm。

4. 载运不可解体货物的原则

载运体积或几何尺寸超过规定的不可解体货物时,必须经厂车辆主管部门批准,指派专人押车,按指定的时间、路线和要求安全行驶,并悬挂明显的安全警告标志。

5. 车辆装载货物基本要求

车辆装载货物必须均衡平衡,捆扎牢固可靠,车厢侧板、后栏板必须关好、拴牢。货物长度超过后栏板时,不得遮挡车辆号牌、转向灯、尾灯、制动灯。

6. 装载灼热货物要求

装运灼热货物时,必须使用专用的柴油货车,其油箱必须用石棉包扎严密,并按指定的线路行驶。

7. 自动倾卸车装载安全规定

(1) 驾驶室内应安装车厢起升警报器或指示灯。

(2) 装载大、重货物时,货物不得卡在车厢栏板上。

(3) 车厢起升前,注意空中有无障碍物,禁止边行边起,边走边落。

(4) 倾卸货物时,应选择平坦场地,向坑内倾车时,应与坑边缘保持安全距离,在危险地段卸车时,应有人指挥。

8. 载人货车安全规定

(1) 必须由具有 50 000 km 或 3 年以上安全驾驶经历的驾驶员驾驶,并且必须持有当地车管部门核发的带客证。

(2) 不得超过核定的人数。

(3) 指定专人负责车上安全。

(4) 仅限于企业内行驶的机动车,否则不得用于载人。

9. 随车装卸人员安全规定

(1) 不得超过厂车辆主管部门核定的人数。

(2) 装运大、重货物时,如货物未靠车厢前拉板,货前不得乘人。

(3) 货物高度超出车厢栏板时,货上不得乘人。

(4) 不得坐在车厢栏板上，车辆未停稳前，不得上、下车。

(5) 机动车车厢以外的任何部位或货运汽车的挂车、拖拉机的挂车、电瓶车、起重车、罐车、平板车、轮胎式专用车不得载人。

10. 装载危险货物安全规定

装载易燃、易爆、剧毒等危险货物时，应遵守下列规定：

(1) 必须经交通安全管理部门和保卫部门批准，按指定的线路和时间行驶。

(2) 必须由具有 50 000 km 和 3 年以上安全驾驶经历的驾驶员驾驶，并选派熟悉危险品性质和有安全防护知识的人担任押运员。

(3) 必须用货运汽车运输，禁止用汽车挂车及其他机动车运输。

(4) 车上应根据危险货物的性质佩带相应的防护、消防器材，车厢两端上方须插有危险标志。

(5) 应在货车排气管道消音器处装设火星罩(阻火器)，易燃、易爆货物专用车的排气管应装在车厢前一侧，向前排气。

(6) 车厢周围严禁烟火。

(7) 装载液态和气态易燃、易爆物品的罐车车辆，应有防晒措施；必须挂接地静电导链。

(8) 装载氯化钠、氯化钾和用铁桶装一级易燃液体时，不得使用铁底板车辆。

(9) 装载剧毒品的车辆，用后应进行清洗、消毒。

(10) 不得与其他货物混装；易燃、易爆物品的装载量不得超过货车载重量的 2/3，堆放高度不得高于车厢栏板。

(11) 两台以上车辆跟踪运输时，两车最小间距为 50 m，行车中不得紧急制动，严禁超车。

(12) 中途停车应选择安全地点，停车或未卸完货物前，驾驶员和押运员不得离开。

(二) 企业内机动车辆的货物装卸应符合的要求

机动车辆的货物装卸与安全行车有密切的关系。按常规要求，机动车的货物装卸应符合下列要求：

1. 机动车装卸的停车距离

(1) 多辆机动车同时进行装卸时，沿纵向前后车的距离应不小于 2 m，沿横向两车栏板的间距不小于 1.5 m。

(2) 车后栏板与建筑物的间距不小于 0.5 m。

(3) 靠近火车直接装卸时，距铁路车辆的间距应不小于 0.5 m。

(4) 与货物间的距离应不小于 1 m，与滚动货物间的距离应不小于 2 m。

(5) 不准在 5%以上的坡道上横向起吊作业，如须作业时，需将车身垫平。

装卸场地和堆场应保证装卸人员、装卸机械和车辆有足够的活动范围和必要的安全距离,其主要通道的宽度不得小于 3.5 m,物料堆垛的间距不得小于 1 m,并设置安全标志。

物料应按其品种、特性和安全要求分类堆放。成箱、成捆等规则形状的物料,应码成稳固的堆垛;其高度在机械装卸时不得大于 5 m,人工装卸时不得大于2 m。散装物料应根据其性质确定堆放高度。

2. 装卸作业的跟踪监督

机动车驾驶员应当跟踪监督装卸作业。用吊车装卸货物时,机动车驾驶员和随车人员应离开车辆,并离开装卸危险区。

3. 装载成件货物的要求

装载成件货物,应靠紧、稳固。对能够移动的货物,应使用支杆、垫板或挡板固定;高出车厢栏板的货物,必须使用绳索捆绑牢固。

装卸时应按货物堆放的顺序进行作业。

四、车辆行驶

(一) 行驶速度

根据《工业企业厂内铁路、道路运输安全规程》(GB4387－1994)的要求,企业内机动车行驶必须符合下列要求。

1. 在保证安全的情况下,在无限速标志的企业内主干道行驶时,速度不得超过 30 km/h,其他道路不得超过 20 km/h。一般情况下电瓶车的最高行驶速度不超过 15 km/h,叉车、翻斗车及其他车辆不得超过 20 km/h。当然,各企业应当根据企业的实际情况,制定本企业的限速规定,机动车行驶时必须执行。

2. 机动车在下列路段、地点或遇到特殊情况时的限速按表 2－6 规定执行。

表 2－6 厂内机动车限速规定

限速路段、地点及情况	最高行驶速度 km/h
有人看守道口,交叉路口,装卸作业,行人稠密地段,下坡道,设有警告标志处或转弯、掉头时,货运汽车装运易燃、易爆等危险货物时	15
结冰、结雪、积水的道路,无人看守道口,恶劣天气能见度在 30 m 以内	10
进出厂房、车间大门、停车场、加油站、站下地中衡、危险地段、生产现场,倒车或拖带损坏车辆时	5

3. 恶劣天气能见度在 5 m 以内的或道路最大纵坡度在 6%以上、能见度在 10 m以内时,应停止行驶。

4. 执行任务的消防车、工程抢险车、救护车在保证安全的情况下,不受规定速度的限制。

（二）平交道口的行驶

机动车行驶到平交道口时，必须遵守下列规定：

1. 提前减速。

2. 通过有人看守的道口时，要做到“一慢、二看、三通过”；遇到栏杆放下或发出停车信号时，须依次停于停车线以外，无停车线的，应停车在距钢轨 5 m 以外，严禁抢道通过。

3. 通过无人看守道口时，如机动车驾驶员距道口 15 m 处，能看到两侧各 200 m 以外的火车，应做到“一慢、二看、三通过”，如达不到要求，必须做到“一停、二看、三通过”。

4. 机车、车辆占用一部分无人看守道口时，机动车不得通过。

5. 通勤客车与载人的货车应按指定的路线行驶，不得任意改线，并尽量避免通过无人看守道口，如必须通过无人道口时，在通行前应派人作好监护。

6. 机动车发生故障被迫停在无人看守道口时，乘车人员、驾驶人员应立即下车到安全地点，驾驶员应采取紧急措施设置防护信号，并使车辆尽快让开道口。

7. 在一定时间内，机动车频繁通过无人看守道口时，应由用车单位派人看守。

（三）车辆停放

下列地点不得停放机动车辆：

1. 通勤车站、加油站、消防库门口和消防栓 20 m 以内的地段。

2. 交叉路口、转弯处、隧道、桥梁、危险地段、地中衡等。

（四）倒车

1. 机动车在倒车时，驾驶员须先查明周围情况，确认安全后，方准倒车。在货场、厂房、仓库、窄路等处倒车时，应有人站在车后驾驶员一侧指挥。

2. 机动车在平交道口、桥梁、隧道和危险地段不准倒车或掉头。

（五）冰雪、泥泞道路上的行驶

机动车在冰雪、泥泞道路上的行驶应遵守下列规定：

1. 在冰雪路上行驶时，轮胎上应装有防滑链。

2. 缓慢行驶，避免紧急制动。

3. 同向行驶车辆，两车之间的距离应保持 50 m 以上。

第三章　企业内机动车驾驶员身心健康与安全的关系

世界万物之中,人的生命是最宝贵的。在人、事、物等诸要素中,人又是最重要的因素。但在实际工作中,这一点却往往被忽视。据国家劳动部门对全国厂矿企业所发生的伤亡事故统计分析,发生死亡事故最多的是触电、高处坠落、起重伤害及厂内机动车辆事故。因此,我们必须高度重视这一要素,认真总结厂内运输装卸作业的客观规律,搞好安全行车。

我国是一个社会主义国家,实现安全生产,保障每个职工的安全健康是我们党和国家的一贯政策,也是社会主义企业管理的重要原则。我们每个厂内运输的驾驶员,必须具备对人民负责的高度责任感,牢固树立"安全第一"的思想;做到"马达一响,集中思想;车轮一动,想到人民群众";重视安全运输,促进现代化建设事业的发展。

第一节　驾驶员生理特性对安全行车的影响

外界的刺激信息是通过人的感觉器官(感觉分析器)传入大脑中枢的。在各种感觉分析器官中,与安全行车直接有关的主要是视觉和听觉,其次还有肤觉、嗅觉、动觉、触摸觉和静觉等。对于不同分析器官与对应的由刺激物引起的反应时间有一个参考数值,如表 3-1 所示。

表 3-1　驾驶员感觉分析表

感觉分析(信号刺激物的性质)	反应时间(平均值 1/1 000 秒)
触　觉(接触)	90～220
听　觉(声音)	120～180
视　觉(光)	150～220
嗅　觉(气味)	310～390
温度觉(温和冷)	280～600
前庭器官(旋转)	400
痛　觉	130～890

从表中可以看出,听觉、触觉的反应时间最短,痛觉的反应时间最长。此外,还可以看出,驾驶员视觉的反应时间(也是驾驶员受光刺激后的反应时间)为 0.15～

0.22 s。而驾驶员制动车辆的反应时间为0.3～1 s。该时间是从看见制动信号到脚踏上制动踏板所需要的时间，即要经过反应、判断和操作的过程，才能实现制动目的。

驾驶员对刺激物的反映时间往往因情绪和健康状况的变化而不同。如身体健康、精神状态好，反映就快；反之，反应就慢。精神紧张有时可缩短反应时间，但反应的正确性却会降低，而当出现意外的刺激，精神过分紧张时，反而使反应迟缓。在有准备的情况下，当刺激物出现时，反应时间可大大缩短，准确性也会提高。可见，驾驶员的生理特性与行车安全有密切的联系，应引起高度重视。

一、驾驶员视觉机能对行车的影响

驾驶员通过视觉机能从交通环境中获得80%以上的交通信息，比如道路情况、信号、标志、行人动态等。这些信息传入大脑，然后指挥人的手脚等运动器官操纵车辆行驶。这种行驶是按照驾驶员的意志并根据道路和交通环境变化来进行的。因此，在行车过程中，驾驶员视觉机能的好坏，对防止事故有直接的影响。

(一) 静止视力

人的眼睛注视着一个目标，由于目标反射出来的光线进入眼内，再由视神经传导到大脑视中枢而产生视觉。所谓视力，就是眼睛能够分辨两物点之间最小距离的能力。目前，我国通用的视力表是国际标准视力表，表上的符号是根据视角原理制成的。该表共12行，自上而下由大变小。检查视力时，被检人坐在视力表前5 m处进行测定。通常驾驶员的视力(或矫正视力)双眼应不低于0.7，视力过低，会影响对路上情况的观察。

(二) 动视力

一般谈论的视力为静止视力，而驾驶员行车中的视力属于动视力。人的视力随刺激露出时间的长短而变化，露出的时间越短，视力降得越低。物体对动视力的移动速度，通常以眼的每秒角速度表示，角速度越大，视力越下降。在20～30岁之间测定，年龄越高降落率越大，对安全行车越不利。因此，年龄较大的驾驶员开车，车速不宜过快。

(三) 夜间视力

明亮的地方容易看见，黑暗的地方不容易看见，夜间驾驶车辆有较大影响，但是午后5～7时，日暮黄昏是最难驾驶的时刻，因为打开前灯与周围的光度相等，对周围的物体、行人反而不能看清。人眼中的视网膜，有锥状细胞与杆状细胞。锥状细胞与中心视野和感光觉(色觉)有关。杆状细胞主管周边视，对事物的形状或运动等有所知觉时发生作用。因此，黄昏时锥状细胞机能降低，要靠杆状细胞发挥作用，行车中观察就比较困难。

人的视觉在明暗之间转换时，适应性也不一样，从明处转到暗处，等眼睛习惯，视力恢复，叫暗适应，反之，叫明适应。暗适应时间较长，如进入暗室，眼睛习惯所需时间为15 min，能完全适应需30 min以上。而明适应则较快，一般为数秒至

1 min。所以由明至暗处对行车安全影响很大,如白天行车突然进入光线较暗的车间时就不能很快适应,应该降低车速。

（四）视野

当眼睛注视一个目标时,注视点以外的一定空间内的物体也能看得见,这种可能看到的空间范围称为视野。把头部和眼球固定后所能看到的范围称为静视野。如果把头部固定不动而眼球可以自由转动,这样所能看到的范围称为动视野。两眼的视野左右可达 160°(即某一侧可达 100°,另一侧可达 60°,共 160°)。研究结果表明,由于物体的颜色不一样,视野也不同,如绿色视野最小,即我们看到绿色时视野最小,红色则较大,白色最大,一般的次序依次为:白色、蓝色、黄色、绿色。

如果车辆在运动过程中,那么驾驶员是处于运动状态,这时驾驶员的视野与行车速度有着密切的联系。车速越高,视点越凝视着远方,视野就变得越窄。图 3-1 是汽车驾驶员的视野图,供厂区车辆驾驶员参考对照。

从图上可以看到,汽车行驶速度为 40 km/h,注视点在车前 180 m 处,而视野范围可达 90°～100°。当车速提高到每小时 60 km/h 时,视野缩小到 75°。车速越高,注视点越往前移,视野范围也越窄。

此外,驾驶员的年龄越大,视野就会缩小,视物能力也下降,驾驶车辆时,要适当放慢速度,以弥补视力不足。戴眼镜的驾驶员视野范围要略窄一些,但影响不大。

（五）车速的判断

车辆在行驶时,心理上的感觉是路旁的东西向后面移动,这种运动的速度感觉称为速度感。道路较窄时,驾驶员对车速的估计,一般要比实际车速大。道路宽敞时,往往主观估计的车速要比实际速度低。这种误差与运行时间有一定的关系,在连续行驶一小时之后,误差率会超过 50%,它是一种心理状态影响的结果。这就要求驾驶员随时注意正确估计车速,以免发生意外。

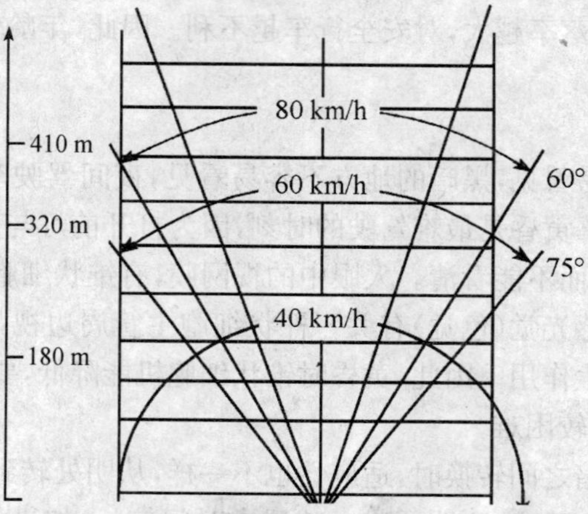

图 3-1　司机视野图

（六）色觉

色觉即人对颜色的感觉，有的人色觉失常，产生色盲。色盲分为两种：一种为全色盲；一种是局部色盲。全色盲就是把一切颜色都看成是灰的。局部色盲一般又分为两种：一是红绿色盲；一是紫色盲。他们分别对光谱中的红色、绿色和紫色部分的感受性降低。据调查，我国色盲患者男子占5%～6%，女子占0.5%～0.8%。色盲患者不宜驾驶车辆，以免因红绿灯不分从而发生交通事故。在没有红绿灯的厂区行驶的驾驶员，要求可适当放宽些。但在培养新驾驶员或培养上公路的驾驶员时，应严格加以限制。

二、驾驶员听觉机能对行车的影响

车辆在运行中，要求驾驶员听觉正常，否则，外界通过声音方式发生的信息就不能及时观察。比如外界车辆发出的有声信息或报警声，交通指挥人员或信号指挥员通过扩音器发出的声音等等，如果驾驶员听不清，很容易发生事故。因此，维护觉察报警声音的基本听力，是保证安全行车的重要因素。

听觉是怎样产生的呢？物体振动发出的音波（适宜听觉的刺激），作用于听分析器而引起听觉，在耳蜗内有几万根如琴弦样的长短不同的纤毛，每根纤毛对一定频率的单音产生共鸣。纤毛越长感受到的声音越低，纤毛越短感受到的声音越高。外界的声音对于人来说，只能在一定的频率范围内才能起作用。一般情况下，人只能感受到频率为20～20 000 Hz的声音。声响强度太大，会引起耳膜疼痛。听觉的绝对阈限有很大的差别，随着年龄的增大，高音部分的感受性越来越低，听力也就越来越下降。一般的情况下，听觉的适应性比视觉快，外界的音响刺激几乎立刻就能听到。在疲劳的情况下，感受性会有所降低，但是恢复比较快，一般经过10～15 s就可完全恢复。在对驾驶员检查身体时，要求听力必须是两耳各为音叉测距50 cm，并能辨别方向，低于这个数值就不适宜做驾驶员。

此外，听觉器官在一定情况下，也会出现疲劳现象。比如，驾驶员长期连续行车，体力消耗过大出现疲劳，外界各种嘈杂的声音不断刺激，车上零部件、翼子板等松动发出的噪音等等，都会使驾驶员的听觉器官机能出现疲劳现象。听觉器官的疲劳，往往使驾驶员听力分散，分辨不清音响的性质，或察觉不出有可能造成危险后果的声音，如行人的声音、吊车的声音等等，这时需要采取适当的措施，让驾驶人员休息一下，以消除疲劳。

三、驾驶员平衡觉对行车的影响

平衡觉也叫静觉，反映驾驶员身体在空间的姿势。它是由人体的位置根据重力的方向发生的变化引起的。它与人的小脑有密切的联系。平衡觉的感受器位于内耳部分的前庭和半规管中，行车中由于地形的变化，而引起驾驶员身体姿势的相应变化。此时，促使内耳半规管处的一种特别液体（淋巴液）发生变动，从而刺激神经并传到脑中枢，使人感觉到身体姿势的变化。航空飞行员需要敏锐的平衡觉以判断自己飞行的位置。对厂区车辆驾驶员没有严格的平衡觉要求,但在转弯、上下坡时,对自己的位置必须要有一个正确的判断,如果在平衡机能方面出现问题,也会对安全行车带来一定的困难。

四、驾驶员空间知觉对行车的影响

知觉是各个感觉器官对复合刺激物进行分析、综合的过程,而空间知觉是对物体形状、大小、远近、方位等特性的反映。在车辆运行中,驾驶员要掌握空间知觉。为此,对于道路、地形和其他运输装卸工具的形状、大小、远近、方位及行人的远近、位置等都要随时了解,以便正确处理行车中出现的问题。例如,在相向行驶中,需要了解对面车辆的形状、大小;通过道路狭窄地段时,两车相会能否通过。同方向行车时,距前车的距离多远;在超车时,控制跟车距离,掌握超越时机以及如何回正行驶等等。要通过多种感觉分析器的协同活动才能得到正确的结论。

根据对人的生理特性研究,形状知觉主要靠视觉、触觉和运动觉参加活动,远近知觉主要靠视觉、听觉、运动觉参加活动。如两车相隔距离要靠眼睛判断,后方来车鸣号,要靠听觉判断距离远近。可见,驾驶员正确发挥和运用各种感觉器的作用,对安全行车非常重要。

还应该看到,空间知觉是在长期的生活实践中逐渐形成和精确起来的。有经验的驾驶员能够比较准确地判断出两车行车时的远近、方位和间距。缺乏经验的驾驶员则经常出现判断误差,或者完全失误。此外,天气条件也往往影响知觉的正常作用,如雨天、风沙、阴天、大雾等,这些都要靠长期的驾驶实践来预测、判断和处理。因此,一个称职的驾驶员,必须努力实践,不断丰富自己的行车经验,才能正确处理各种复杂的局面,保证驾驶安全。

五、驾驶员年龄差异对行车的影响

人的发育和成长在 20 岁前后达到高峰,并一直维持到成年期,其后逐渐衰退。据统计,人们学习驾驶技术的时间,30 岁以上的要比 30 岁以下的增加 5%,年龄越大,学习时间越长。有人通过试验计算,22 岁的男性青年用 22 小时的学习时间即可取得驾驶执照;而 45 岁的中年男子,则需要学习 35 小时才能取得汽车驾驶执照。通过试验还可以发现,驾驶员年龄越大,对外界信息的反应时间越长,即反应时越缓慢。一般 25 岁以后反应时间逐渐加长。

驾驶员由于年岁不同,对操纵车辆的心理状态和行为表现也不同。一般情况下,青年人急躁,中年人稳重,老年人迟钝。据美国某公共汽车公司对各种年龄驾驶员 16 万公里行程交通事故统计(行程里程、路线、驾驶时间等条件基本相同),结果表明:45～54 岁的驾驶员肇事次数较少,小于 30 岁和大于 55 岁的驾驶员肇事次数较多,图像呈 U 字形(又称浴缸曲线——浴缸断面)。

对厂内车辆驾驶员而言,也存在着类似情况,即年轻的驾驶员眼明手快,反应敏捷,但常常喜欢冒险行车,超速抢运,容易酿成事故。30 岁以后,身体各方面机能基本稳定，40 岁以后各方面机能逐渐下降，但这时自我控制能力较强，能够抑制自己一时冲动，事故较少。50 岁以后各方面机能衰退趋于严重，在紧急情况下反应迟钝，不能迅速采取措施，常常是心有余而力不足，其事故也在所难免。

目前由于老工人大批退休，许多青年工人走上了厂内运输驾驶员的岗位，也有不少因年龄较大等原因而从原来岗位退下来的汽车驾驶员进入厂内机动车驾驶员的行列。对青年驾驶员要着重加强安全行车、遵章守纪的教育；而对老年驾驶员，主要是让他们充分认识自己的身体条件，订出合理的工作计划，采取量力而行的工作方法，同时，在有条件的时候逐步让他们退出驾驶员队伍，防患于未然。

第二节 行车中驾驶员的心理活动及其操作处理

对一个人来说，心理是大脑的机能，大脑是心理的器官。驾驶员的心理活动是一种高级思维活动，现代科学证实，人的思维来自大脑，因此在研究人的思维时，必须了解大脑的生理和功能。大脑产生心理主要有以下五个功能：

(1) 通过感觉器官接受外界的各种信息。

(2) 分析和综合外界信息。

(3) 判断和推理各种外界信息，采取行动对策。

(4) 储存外界各种信息。

(5) 想象功能综合，整理各种信息(包括已有的和新加的)，从而提出设想。

一、行车中驾驶员心理活动的基本规律

驾驶员在行车中，随时都注视着车前周围环境和车内一些情况的变化，分分秒秒都在进行着心理活动。当驾驶员发现外界刺激信息时(即出现险情时)，一般都要在 0.5～1 s 内迅速做出正确判断，采取相应措施，使车辆正常行驶。驾驶员的心理活动规律是：发现外界刺激信息——经过大脑的分析和综合、判断和推理——最后做出行动的对策。注意力与刺激信息有密切的关系，注意力越强，越能够捕捉到外界微弱的信息。所以注意力是接受外界信息的前提，驾驶员的行动对策是对信息的分析、综合、判断、推理的结果。

二、常见的信息与注意的形式

(一) 常见信息

车辆是在错综复杂的环境中行驶的，因此，信息的形式也很多，凡是车外的道路环境和车内的情况变化，都可以形成信息。常见的有以下几种：

1. 突显信息

外界信息的刺激来得比较突然，在车距较近的情况下，前车突然采取紧急制动或者行车中周围的堆物突然倒下等都属于突显信息。因此，要求驾驶员在行车中必须保持高度的警惕性，以一万防万一，才能变突然为不突然，转危为安。但也有

的突显信息,使驾驶员无法预防,如车辆在行驶中,几米内突然闯入自行车、飞来足球等等,因而造成事故。

2.已现信息

在行车中已发现有事故的苗头,如违章驾驶、超速行车、带故障行驶、酒后开车等,则形成已现信息。其他车辆的驾驶员在遇见上述车辆的已现信息时,必须提高警惕,以防万一。

3. 微弱信息

微弱信息是指外界信息刺激量过小。在这种情况下,驾驶员的感觉器官将信息反映到大脑以后,往往辨别不清楚,容易产生犹豫、疏忽,甚至错觉。当然,这些刺激信息的强弱与驾驶员的注意力、分析综合能力及判断能力有很大关系。如果注意力不集中,分析能力差,车速又非常快,这时即使有一定的刺激量,也不容易被驾驶员发现。因此,在行车中驾驶员必须集中精力,仔细观察,注意瞭望,捕捉微弱信息,以便及时处理。

4. 潜伏信息

这种信息由于有一定的隐蔽性,驾驶员在行车中一般不容易观察和发现。比如说,在夜间或视线不良的雾天行驶,在通过视线受到障碍的视线盲区中行驶,在通过泥泞、冰雪路面(这些路面附着条件差,容易产生侧滑)行驶;此外车辆带故障行驶,如转向、制动和一些主要连接部位存在着一些故障等。潜伏信息,往往使驾驶员难于预料,有时造成的危害较大,需要特别认真地对待。

(二) 注意形式

注意是心理活动对一定事物的指向和集中,也是驾驶员心理活动处于积极状态的表现。由于这种指向和集中,驾驶员才能清楚地反映和处理车内、车外周围现实中一些情况。各种信息通过人的感觉器官进入大脑,经过分析和综合,判断和推理,使人采取相应的动作和措施,这些都与注意有密切的关系。所以,安全行车,注意是一个前提,如果注意做不到,那就容易发生事故,驾驶员在行车中,注意一般有以下几种形式。

1. 全神贯注

全神贯注也就是全面注意。在行车中,驾驶员能根据路上车辆、行人的动向,路面情况、气候情况以及车内的仪表等,随时观察,发现一些异常现象,及时采取措施,使车辆能够安全行驶。

2. 局部注意

在行车注意中,由于情况千变万化,往往只顾及注意的一部分,而忽视了注意的另一部分,或只能注意主要部分而忽略了次要部分,从而造成片面性,使车辆发生事故。

3. 注意转移

由原来的注意中心的对象转移到注意中心以外，也就是说没有把自己的注意力稳定地集中到行车方面来，而是由于外界某个意外的刺激信息，使注意力转移。比如行车中，风沙迷了眼，蜜蜂蛰了脸部，驾驶室内零件突然掉落或者听到怪声、异响以及被搭乘者的交谈议论所吸引等，都可能造成注意的转移。

4. 未加注意和丧失注意力

这与驾驶员的心理和生理因素有关。如在行车中，驾驶员因精力不集中未注意到前方出现的一些情况；有时行车中打瞌睡大脑出现半抑制或全抑制状态，均会丧失注意力。

注意对行车中的驾驶人员是非常重要的，它是确保安全行车的先决条件。

三、行车中的判断与处理

分析与综合，判断与推理都是思维活动过程。分析是在思想上把事物整体分解为各个部分，或者把整体的个别特性、个别方面区分出来。综合是在思想上把事物各个部分和不同特性从不同方面结合起来。分析与综合是一个思维过程的两方面，相互联系、相互制约。一个概念的形成，往往要经过一定的判断和推理过程，判断是肯定或否定概念之间的联系关系，而判断的获得通常需要通过推理。

判断可以分为两种形式：即感知形式的直接判断和抽象形式的间接判断。驾驶员在感受外界刺激信息后，要不失时机地通过分析、综合、判断和推理，最后作出处理决定。

（一）判断的几种情况

1. 判断精确及时

有的驾驶员由于经验丰富，在行车中对车辆行人、厂内各工种工作状态有规律性的了解。在精神高度集中的情况下，当大脑接受外界刺激信息，即便出现突显信息时，都能正确、及时地作出判断和处理。

2. 判断错误

有的驾驶员由于经验不足、知识缺乏以及行车中思想不集中等原因，对一些微弱信息或潜伏信息预计不足，不掌握人、车、路、货四者的辩证关系，因此不能正确地作出分析和判断。

3. 判断失时或未加判断

判断失时指对外界的信息反应迟缓，失去了分析和判断的机会，比如，驾驶员在行车中没有思想准备，突然发现刺激信息，没有相应的时间进行判断和处理。有的驾驶员遇到情况犹豫不决、迟延等也会失去判断的时机，而造成事故。所以，对判断不仅要正确，而且首先要求及时。

（二）处理的几种情况

驾驶员在作出了及时、正确的判断后，还应迅速对车辆作出处理。处理是驾驶员在行车中，接受外界交通刺激信息后，要进行的相应作业，以便车辆能安全行驶和作业。处理分三种情况,即处理正确,处理错误,未加处理。

1. 处理正确

由于厂内运输情况复杂,变动频繁,作业要求一定进度,因此,驾驶员必须具有强烈的时间、空间和速度的概念。凡是能在行车中对险情作出正确处理的驾驶员,一般都注意在时间、空间和速度上留有余地。这就是说,对外界与作业过程中有关的刺激信息,驾驶员应有必要的时间作出反应和处理,以避免事故的发生。

2. 处理错误

这是由于驾驶员对于外界刺激信息,在时间、空间和速度上没有掌握好,而发生了不符合客观情况的行为。这往往是因为思想麻痹,存在侥幸心理,或判断不及时,临时手忙脚乱。

3. 未加处理

多数情况下,由于驾驶人员注意力不集中,出现险情还未来得及反应,事故就发生了。有的甚至出了事故还不知道,继续行驶。有的因为险情特别严重、复杂,驾驶员出现惊呆心理状态,手足无措,没有能力处理。有的因为判断失误,失去时间,来不及处理。出现上述情况,事故就难以避免。另外驾驶员精神过分紧张,也容易出现事故。

驾驶员接到外界刺激信息后,由大脑中枢器官通过思维作出判断,并由运动器官完成操作处理。对于驾驶员来说,操作主要靠手和脚。

脚与手的动作要密切配合,互相协调,才能使车辆正常运行。要求驾驶员在手脚动作运用方面,应该是方向掌握稳妥,车速合理,左右转弯角度估计准确,变速时油门、离合器配合适当,制动运用得当,能正确分析外界各种信息,采取相应的措施,以确保安全行车。

四、肇事者与无事故者在生理反应和心理活动上的差异

据美国资料调查,3 万名驾驶员当中,发现有 4%的人,在 6 年以上的时间内所发生的事故数约占 36%。有人对事故多发者和无事故者,从感觉机能特性上进行试验,发现视觉机能低下的人中,事故者要多于无事故者。视觉机能包括视野、视力、眩惑等,这些机能,事故多发者比无事故者的机能一般都要差。在动作反应特性上,比如说简单的反应,事故多发者与无事故者反应快慢差别不大。然而,从反应的正确程度来看,这种选择反应在检查时的错误反应数,事故多发者远比无事故者多。

对事故多发者与无事故者性格进行比较。事故多发者大体情况是情绪不稳定,遇到刺激和不满时容易冲动,驾驶中有时紧张过度,有时控制不住自己。而无事故者则情绪稳定,遇到紧张场面不动摇,行车中比较谨慎,不易感情冲动,遇紧张场面较有耐性。通过对一些无事故者的调查,他们共同的反映是:在行车驾驶中加倍注意,不做勉强的事情,要善于控制自己。

表 3-2 是一张关于交通事故的起因表，可供厂区车辆驾驶员参考。从表上可看出，反应、判断与操作三个环节，对发生交通事故带来的影响。其中察觉过晚所造成的事故占 59.6%，判断错误所造成事故占 34.8%，这两项共占 94.4%，这说明驾驶员心理活动的状况正常与否，是发生事故的主要原因。

察觉过晚和判断错误往往使驾驶员反应迟钝，而迟钝的内在因素主要是注意力不集中。如在行车或作业时东张西望，没有察觉到复杂的情况，有时因视线盲区扩大而没有及时发现情况等。注意力不集中的原因是多方面的，家庭不和睦、工作纠纷、身体有病等等都会产生注意力不集中，也有工作不认真、马虎从事或自以为道路熟悉、漫不经心而分散了注意力。

判断错误的原因是多方面的。如在行车中不认真遵守驾驶规则，凭想象任意判断对方的行动；有时过分相信自己的技术，结果造成判断失误。此外，由于驾驶员的训练素质不同，体验不一样，对同样一种情况可以作出不同的判断，从而可能出现判断上的差错。

因驾驶操作差错引起的事故主要是由于技术不熟练、情绪不安定造成的，有时因车辆状况不良，也可能在操作中发生问题。

表 3-2　交通事故的起因表

起数／内在因素	事故起数	百分率/%
察觉过晚	656	59.6%
判断错误	384	34.8%
操作错误	53	4.8%
其　他	9	0.8%
合　计	1102	100%

第三节　酒精和药物对驾驶机能的影响

一、酒精对驾驶机能的影响

饮酒对驾驶机能的影响很大，车辆驾驶员酒后驾驶常常造成交通事故。据日本统计，日本每年因饮酒驾驶所造成的交通事故占 4%以上，死亡事故占其中的 10%。我国驾驶员的饮酒习惯与欧美、日本相比较好，但也是造成事故的原因之一。从目前全世界的情况来看，饮酒造成的事故有增加的趋势。因此，我们必须对此加以重视。

（一）酒精对人体的影响

酒内都含有一定量的酒精。一般白酒含酒精60%左右，果酒含酒精16%～48%，啤酒含酒精3%～5%。饮酒后酒精迅速被胃黏膜和肠黏膜吸收，然后随着血液循环到人体各个组织之内。由于酒精和水可以成任意比例溶合在一起，因此，可以分布到体内所有部位。饮酒后，大脑中枢神经开始兴奋，然后产生阻抑作用，严重者可造成中毒死亡。驾驶员饮酒肇事，一般在酒后30～60 min内发生，这一时段发生的事故约占饮酒肇事的60%。

人体内酒精浓度达一定量则产生事故。浓度低对人体影响不大，浓度过高，大脑处于高度阻抑状态，驾驶员就会昏睡不能驾驶。据日本调查资料介绍，因饮酒造成车辆事故的驾驶员，其血中酒精浓度大多在1.0～2.5 mg/mL范围内，其中1.5～2.0 mg/mL范围内的占35.5%。饮酒后在30～60 min之内发生事故较多，因为这段时间内，酒精浓度维持在上述较高的数值范围。有人做过下面测定试验：34名男子，每人分6次饮用日本酒600 mL，饮后30 min，测量呼吸中所带的酒精浓度，发现有30人达到0.25 mg/mL以上，60 min以后有33人达到0.25 mg/mL，90 min以后还是有33人保持在0.25 mg/mL以上。同时，在对另一些人做的试验中发现，尽管饮到600 mL同样的酒，仍有12%的人呼吸中酒精浓度在0.25 mg/mL以下，由此看出，饮酒量在个体内的酒精浓度因人而异。

（二）酒精与个人差异

饮酒后体内酒精浓度因各个人的饮酒习惯不同而有很大差异。酒量比较大的人，饮酒后体内浓度在30 min内达到顶点。而酒量中等程度的人，需要60～90 min达到顶点。酒量比较大的人，体内酒精浓度达到顶点的时间较短，消失也快，体内留有酒精浓度低；酒量小的人，体内酒精浓度达到顶点的时间较长，消失慢，且体内留存的酒精浓度较高。

此外，饮酒后体内的酒精浓度与体重、性别有一定的关系。如饮同量的酒，体重越重浓度就越低，反之越大。对男女学生的饮酒试验表明，女生30 min以后血内酒精浓度达到高峰，90 min后降低到微量；而男生酒精浓度高峰来得较晚，90 min以后还维持一定的浓度。

（三）酒醉的特征

酒精对人体有麻醉作用。如脑和其他神经组织内的酒精浓度增高，大脑中枢神经活动就会变得迟钝，而且可以蔓延到机体神经。这时人的判断能力发生障碍，手脚活动比较迟缓。在初期，因为中枢神经中毒，削弱了对运动神经的束缚能力，因而在人的生理上产生了轻松感，这时手脚的活动反而有些敏捷了。但是思维能力和判断能力仍较迟钝。

饮酒过多会产生醉的现象。醉可以从主客观上加以评价。主观评价：一般饮酒30 min后自己感觉到不怎样醉、稍醉和相当醉；酒后60～90 min时，体内酒精浓度很高，自己在某种程度上失去评价能力(如有的人，客观反应已经很清楚，而自己认为还没醉)。客观评价：主要是对饮酒人的言语、行动、驾驶举动等一些客观表现来判断。一般分为微醉、轻醉、深醉和泥醉四种程度。微醉主要是脸红、话多、心神不定，对外界反应迟钝，尚能控制自己。轻醉是神态表现较为兴奋，语言不清，酒言酒语，有时又哭又喊，对自己的行动控制能力降低。深醉的表现是基本失去控制，动作失调，腿脚松软，不能走路，言语不明，各种反应显著低落，即将陷入麻痹状态。酒醉最严重的程度是泥醉，表现为瘫软倒卧，四肢无力，昏迷不醒，大小便失禁，甚至呼吸困难等，严重者可造成死亡。

对车辆驾驶员来说，影响较大的是轻醉和微醉，因为此时反应迟钝，动作不协调，易发生事故。深醉和泥醉因为失去了驾驶能力，不存在驾驶安全问题。

(四) 体内酒精浓度对驾驶机能的影响

有人对 50 人进行按键试验，结果表明，在饮酒前，按键的错误平均为 12%，而在饮酒后加到 55%，且按键时间延长。

人体内酒精浓度较高对驾驶员影响很大。据测定，体内酒精浓度为 0.3‰时，驾驶机能开始下降，浓度在 1‰时驾驶机能下降 15%，浓度在 1.5‰时驾驶机能下降 30%；同时驾驶员的注意力也受到一定的影响，注意力容易分散而偏向一方。据相关资料介绍，驾驶员体内血液中酒精浓度达 0.3‰～0.9‰时，注意力分散程度增加至 7 倍；当酒精浓度达 1.0‰～1.4‰时，注意力分散程度增加到 31 倍；而酒精浓度在 1.5‰以上时，注意力分散程度增至 128 倍。由此可知，驾驶员体内酒精浓度从 0.3‰起驾驶机能就开始下降，随着浓度增高，其对驾驶机能影响越来越大，出现事故的比例也越来越高。因此，车辆驾驶员应严禁酒后行车或在行车中饮酒。

二、一些药物对驾驶机能的影响

有些驾驶员因疾病或其他原因，需使用药品。其中有些药品直接作用于中枢神经系统，会产生各种效应。如使用巴比妥等催眠剂或一些麻醉剂，可使人产生困倦、睡眠、昏迷等，会影响正常驾驶，甚至不能操作。常见的是深夜不能睡眠，服用催眠剂过晚，清晨立马行车而药物的作用尚未消失；有的驾驶员行车途中突然患病，使用了一些急救药从而影响驾驶；有的驾驶员行车前服用了过量的兴奋剂，导致情绪不正常。这些因素都可使驾驶员知觉迟钝，反应失常，驾驶动作不协调，直接影响安全行车。

第四节　驾驶疲劳的防止

所谓驾驶疲劳，是指驾驶员在作业中，由于心理、生理上的某些变化，客观上出现驾驶机能低落的现象。

驾驶员作业具有以下特点:长时期精神高度集中;坐在一个固定的位置上;动作受到一定的限制;忙于判断处理刺激信息,精神格外紧张等。因此,驾驶员往往出现驾驶疲劳。驾驶疲劳出现后,注意力容易分散,严重时打瞌睡,无法接受和处理外界信息,导致驾驶动作失误或完全失去驾驶能力。驾驶疲劳是发生车辆事故的一个潜在原因。

一、驾驶疲劳的症状

疲劳分为急性疲劳和慢性疲劳。急性疲劳指驾驶中意识过于劳累而造成的疲劳。慢性疲劳也叫蓄积疲劳,是前几天的疲劳尚未恢复而移至当天的驾驶作业中来。疲劳的症状可分为身体症状、精神症状和神经症状。身体症状主要表现为身体倦怠、沉重感、板硬感觉、下车后弯腰感到困难以及周身疼痛、手脚发胀等。精神症状主要是思考不周全、精神涣散、焦虑、急躁等,往往出现在工作时间过长之后。神经症状主要表现为眼神经疲劳、动作失调、眼睑或其他肌肉颤动、手脚发抖、精神不振等。

疲劳分为三期,即疲劳症候期、疲劳加重期和过劳期。疲劳的症状是逐步加重的。

二、产生驾驶疲劳的原因

(一) 驾驶员生活上的原因

主要是睡眠不足和生活环境的影响。造成驾驶员睡眠不足的原因有很多,如连续工作过量,参加文体活动过度,家务劳动太多,副业劳动太多,课外学习时间太长,社会交际太广以及生活波折,等等。生活环境不宁静也影响睡眠,甚至干扰驾驶员的正常生活,也是其产生疲劳的重要因素。

(二) 驾驶员生理和心理上的原因

主要指身体条件(体力及其他)、经验条件(驾驶技术、熟练程度)、年龄条件(40岁为界)、性别条件(女性的生理特点)、有无疾病以及性格、气质等的影响。

(三) 驾驶员工作条件的影响

工作条件分车外和车内两个方面。车外条件主要指行车时间(白昼、傍晚、夜间),天气条件(雨、雪、雾),道路条件(转弯、坡度),安全设施条件等。其中影响较大的是道路情况。车内条件主要指车内温度(一般应控制在 15～17 ℃)、噪音、仪表设计(是否可靠)、驾驶座位等。这些因素如果不好,会增加驾驶员精神负担,产生驾驶疲劳。

(四) 生理节律的影响

从图 3-2 可看出,一个人在 24 小时之内,大脑的清醒程度有所不同。早上 6 点左右和中午 12 点以后,人的大脑清醒程度是两个凹谷,大脑清醒程度较低,易发生事故。

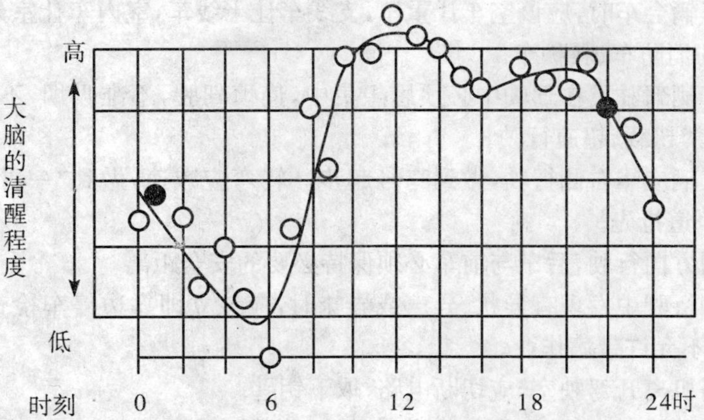

图 3-2　24 小时生理节律图

防止驾驶疲劳的主要措施是保证驾驶员有充足、必要的睡眠时间。一般情况下应保证驾驶员有 8 小时的睡眠，白天睡眠比晚间睡眠还要增加时间，因为夜间睡眠效果比白天好。如以夜间睡 8 小时效果为 100%，那么白天睡 8 小时只有 71%。此外，断续的睡眠效果比相同总时间连续睡眠的效果差得多。一般情况下驾驶员一天行车作业以不超过 10 小时为最好。

如果在车辆作业中发现疲劳及困倦现象，应采取一些措施：一是停车，做做体操或其他一些轻微的运动；二是采取通风、洗脸、喝一些清凉饮料等办法以提神醒脑；三是在十分困倦的情况下，设法睡一会儿，等困倦过后再工作。

第五节　安全驾驶要领

一、自觉遵守国家法令，规章制度，遵守劳动纪律，严格执行驾驶操作规程，坚持中速行驶（一般厂区行车车速最大不得超过 10 km/h），礼让三先（先让、先慢、先停），不抢档。

二、车辆应专人驾驶。培训驾驶员须经领导同意，向安全部门提出申请，经过实习培训，具有一定的安全操作知识，并熟悉厂内交通规则，经实际操作和理论知识考核合格并取得特种作业人员操作证后，方准驾驶。

三、坚持“五不出车”：

1. 制动器（即刹车）不灵不出车。

2. 转向系统（即方向机构）有故障不出车。

3. 喇叭不响不出车。

4. 灯光（包括大小灯光及方向灯）不亮不出车。

5. 安全设备不齐全或失灵不出车。

四、车辆会车时，应该空车让重车，支线车让干线车，室内车让室外车，让一切执行任务的消防车、救护车。

五、车辆驾驶员在驾驶中必须思想集中，谨慎驾驶，不准吸烟，不准与旁人谈话，车辆严禁超载、超速行驶。

六、车辆应靠右侧行驶，做到鸣号起步。转弯应减速，做到“一看、二慢、三通过”，严禁争道抢先。

七、同方向行驶，后车与前车必须保持必要的安全距离。

八、如行驶中发现有异状、异声或异味时，应该立即靠边停车检查，修理时轮子要塞住，不允许带病作业。

九、司机离开驾驶室，应切断电路，取下钥匙。

十、车辆装运物件，必须装载平稳牢靠，并用绳子扎紧，用木条垫牢，做到四不超(即超重、超高、超长、超宽)，长不能超过车体前后 1.5 m、左右不能超过 0.5 m、高不能超过司机的视线为宜。若叉车装卸集装箱等大型物件，视线被阻挡时，应开倒车行驶。电瓶车严禁进入易燃易爆危险品仓库。

十一、工作完毕后，必须将车辆停放在指定的地点，并要做好车辆的清洁工作，按次序停放整齐。

十二、车辆在行车途中如果发生交通事故，驾驶人员必须立即采取措施，进行抢救，保护现场。车辆不准移动位置，并及时报告有关部门(安全部门等)进行处理。

十三、驾驶员应随身携带安全操作证以备检查。

十四、按期按规定进行车辆的一、二级保养。要认真钻研业务技术，不断提高操作技术水平，虚心学习先进经验，吸取事故教训，掌握安全行车的客观规律。

驾驶员应做到一安、二严、三勤、四慢、五掌握。

一安：牢固树立“安全第一”的思想。

二严：严守交通规则，严守操作规程。

三勤：勤检查、勤调整、勤保养。

四慢：情况不明要慢，视线不良要慢，起步、会车、停车要慢，通过交叉路口、狭路、弯路、车间行道要慢。

五掌握：掌握车辆技术状况，掌握道路情况，掌握气候影响，掌握行车区域变化，掌握车辆、行人活动特点。

总之，每个厂内机械操作者都要不断总结经验教训，摸索和掌握行车规律，加强责任心，确保安全作业。

第四章　机动车辆的稳定性和制动

企业内机动车辆外形尺寸较小、机动灵活性强、车辆重心偏高等特点对车辆的稳定性、制动性、操纵性都会产生不利的影响。了解企业内机动车辆的特殊安全性，对处理好车辆安全性能与使用的关系、做到正确操纵车辆是十分必要的。

第一节　操纵性和稳定性

机动车沿着驾驶员给定的方向行驶的能力称为操纵性，抵抗翻车和侧滑的能力称为稳定性。机动车的稳定性分为纵向稳定性和横向稳定性。机动车的操纵性和稳定性是互相依存、密切相关的，因为机动车辆操纵性的破坏常常会引起翻车或侧滑；而机动车辆侧滑有时也可使操纵失灵。按照运动稳定性的一般理论原则，可看出，机动车辆的正常运动受干扰后，无论时间或长或短，只要驾驶员有充分时间利用方向盘和制动装置来保证机动车辆的安全行驶，机动车辆的运动是稳定的；否则，机动车辆的运动是不稳定的。企业内的机动车辆在结构上具有尺寸小、机动灵活性强等特点，如叉车、前置翻斗车、蓄电池车等。但是这样的结构，在一定程度上存在着行驶稳定性不够理想的缺点。因此，认真分析操纵性和车辆行驶的稳定性对安全行车有着很重要的意义。

一、行驶操纵稳定性

企业内机动车的操纵稳定性包括机动车辆的操纵性和稳定性两个方面，这一性能主要以机动车辆的稳定转向特性作为重要评价指标。

稳定转向特性主要受转向方式（偏转车轮式、铰接车架式、单轴线式、双轴线式、四轴线式）、转向梯形机构类型和转向轮定位值等因素的影响。

稳定转向特性有三种状况：不足转向、过度转向和中性转向。

机动车辆在行驶过程中前后轴的车轮由于受到侧向力的作用会偏离原来的方向。无侧向力时的行驶方向和在侧向力作用下产生的偏离方向之间的夹角，就是该车轮（轴）的偏离角，它是产生各种转向特性的根本原因。

机动车行驶时，若前轮（轴）偏离角 δ_1 大于后轮（轴）的偏离角 δ_2，则有不足转向特性；当 $\delta_1<\delta_2$ 时，则机动车辆有过度转向特性；当 $\delta_1=\delta_2$ 时，则机动车辆具有中性转向特性。

有不足转向特性的机动车辆在固定方向盘转角的情况下绕圆周加速行驶时，转弯半径会越来越大；有过度转向特性的机动车辆在以上条件下转弯半径则会逐渐减小;中性转向特性的机动车在同样条件下则转弯半径不变。所有的机动车在设计时一般都要有适当的不足转向量,以防止机动车辆出现突然甩尾和保持良好的驾驶性能。过度转向的机动车因转弯半径逐渐减小,会使机动车的离心力迅猛增大,直至出现甩尾现象。一辆机动车具有何种转向特性,直接在平整坚硬的场地上画出圆环,绕圆环加速行驶,可以通过这种方式判定转向特性。作为一名企业内机动车辆驾驶员,必须了解自己所开的车的稳定转向特性,以保证行驶的操纵稳定性。

二、横向稳定性

车辆的横向稳定性是指车辆在各种道路条件下行驶时抵御侧滑和横向翻车的能力。

1. 车辆转弯时横向作用力对稳定性的影响

机动车转弯行驶,除了由推动力引起在车轮上的纵向作用力和横向作用力外,还有离心力、横向风力、坡道行驶的重力分力等。在这诸多的作用力中,破坏横向稳定性的主要是离心力。在车速高而转弯半径小的情况下,离心力往往很大。如果机动车辆沿着固定半径做等速转弯行驶,其离心力计算如下式:

$$P=\frac{Gv^2}{gR}$$

式中　P——离心力,N;

G——车辆总重力,N;

v——车速,m/s;

R——转弯半径,m;

g——重力加速度,m/s^2。

由公式可以看出,影响离心力大小的主要因素是车速,即车速越高,产生的离心力越大。基本成平方比例关系增加,车速变为原来的2倍,离心力就会变为原来的4倍;车速变为原来的3倍,离心力就会变为原来的9倍。所以,在急转弯时发生横向翻车事故,常常是车速太快而造成离心力太大的结果。离心力与转弯半径成反比例关系,即转弯半径越小,离心力越大。离心力与车辆总重力成正比例关系,车辆重力越大离心力越大。

企业内机动车辆如叉车,在结构上具有转弯半径小、轮距窄、载货后重心偏高的特点,所以在企业内驾驶时,遇急弯应提前减速,尽量放大转弯半径,减小因此产生的离心力,保持车辆的横向稳定。

2. 车辆转弯时车轮与路面附着作用对稳定性的影响

车轮之所以能被驱动,让车辆能稳定行驶,是由于机动车辆车轮与地面的附着作用力在起作用。但横向力是破坏车辆行驶稳定性的一个重要因素。所以,为了保证车辆安全行驶，在设计机动车辆时，就使其受横向作用力而失去稳定性时，先发生侧滑。这样出现的侧滑可以减少翻车，因此，在设计机动车辆时要使轮距与重心高度比值的一半大于附着系数，即：

$$\phi=\frac{B}{2h_g}$$

式中　B——轮距，m；

h_g——重心高度，m；

ϕ——路面附着系数。

一般机动车辆都能满足上述条件，也能保证安全行驶不发生横向倾斜。例如东风 EQ140－1 型汽车，轮距 $B=1.8$ m，甚至当重心高度 $h_g=1.2$ m 时：

$$\frac{B}{2h_g}=\frac{1.8}{2\times 1.2}=0.75$$

此数值也超过一般路面的附着系数。这样，一旦受到较大横向力，就先发生侧滑，不发生翻车。

在曲线行驶时，机动车辆在离心力作用下有向外甩出的趋势，而阻止机动车辆向外甩出的是轮胎与地面间的摩擦力。随着车速增大，离心力也加大，当离心力大于轮胎与路面间的摩擦力时，机动车辆就会被甩出弯道。上述说明可用公式表示：

$$m\frac{v^2}{R}=\mu mg$$

式中　v——车速；

R——弯道的曲率半径；

m——机动车辆质量；

g——重力加速度；

μ——轮胎与路面间的摩擦系数。

由此式可求出机动车辆沿曲率半径为 R 的弯道行驶极限车速为：

$$v_{\max}=\sqrt{\mu gR}$$

机动车辆速度超过这一极限车速后，就会发生侧向滑移冲出车道。

如果路面在垂直于机动车辆行驶方向的平面向内倾斜时，机动车辆转弯的极限将提高，反之，如果路面向外倾斜，转弯极限将减小，机动车辆就容易被甩出去，从而发生事故。

3. 车辆横向翻车

车辆转弯时横向翻车,主要是较大的横向力作用的结果。造成横向翻车事故多有以下几种情况:

(1) 在企业内道路弯度很大,转弯时车速很快,打方向很急,或者在材料货物突然偏移的情况下,造成横向翻车。

(2) 在冰雪雨水路面转弯没有提前处理,仓促采取刹车减速、急打方向的措施,造成车辆横向滑移触撞路面障碍物体而翻车。

(3) 路面附着状况良好,但由于车辆重心过高,车速过快造成翻车。

三、纵向稳定性

车辆行驶中发生纵向的前倾或后倾翻车是比较少见的,但企业内机动车辆失去纵向稳定性的险情和造成人身伤害的事故却为数不少。主要由于企业内机动车辆轴距短、载货后重心偏高等结构因素,加上操纵因素的影响,往往破坏了车辆的纵向稳定性。如前置式翻斗车超量装载驶于凹凸不平路面或下陡坡时,往往由于车速快发生前倾覆现象;叉车叉的货物太靠前,遇陡坡车速快,很容易造成前翻车。综上可见,影响企业内机动车纵向稳定性的主要因素是操纵问题。所以,必须进行安全教育,严格按照各种企业内机动车操作规程作业。

为了防止企业内机动车的纵向倾翻,从车辆结构上应保证前轮或后轮的滑移出现在翻车之前,一旦出现不稳定趋势,车轮对路面先产生滑移,这样就可以减少翻车可能性。

四、机动车辆正确转向方法

机动车辆转弯时的侧滑或翻车是由于横向力的作用,这种横向力主要是由离心力引起的。因此,在转弯时尽量减小离心力的产生是保证行车安全的首要因素。

机动车辆转弯时的离心力是与机动车辆行驶速度、机动车辆的加速度、转向轮转角速度、转弯半径和车重等因素有关的。所以,必须从这些因素中找出减小离心力的办法。

降低车速是机动车辆转弯中首要的一步。因为离心力是随着车速的加快而成平方比例增加的。若降低车速,离心力便会骤然减小。然而,转向时,用什么方法来降低车速?使用制动,那是很危险的。因为制动会使车轮对路面所能够承受的横向力降低,更容易发生侧滑。只有采用抬起油门踏板减少供油量,减小牵引力的方法,把车速降下来,而且要在转弯时预先把它做好,再用低速挡进行转弯方为安全。转向轮的转角速度对离心力的影响也很大,所以转动方向盘不能过急,转向时转弯半径不要太小,并要把好方向。离心力还随汽车重力的加大成正比增加,驾驶载重车要格外注意。机动车辆重心高,稳定性就差,所以装载不要过高,不要偏向一侧。总之,机动车辆转向行驶与直线行驶不同,特别是在急转弯路,视线不良,路面潮湿、光滑,车又很重,重心又高的情况下,更要谨慎小心,以防发生事故。

通常机动车辆在行驶中的转弯，可分为三个过程(见图4－1)。在A点以前是直线行驶，转向半径是无穷大的，从A点到B点为转向半径逐渐减小的阶段，从无限远减小到最小转弯半径R，从B点到C点为转弯半径不变阶段，从C点到D点为转弯半径逐渐增大阶段，从R增到无限远，D点以后又恢复直线行驶，转弯半径为无穷大。由此看出A到B的转弯半径为逐渐减小阶段，是转向的关键时刻，为了行车的安全，必须将机动车辆稍微靠近道路左侧(不过中心线)，提前转动方向盘，延长AB段，并降低车速，减小转向轮的偏转速度，以减小转向时作用在车轮上的横向力，防止侧滑或翻车。

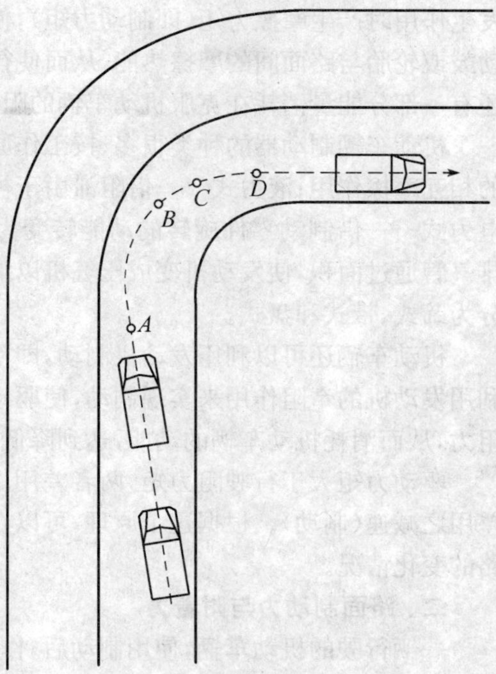

图4－1　汽车转弯过程

在CD阶段，因转向轮“回正”，其偏转速度为负值，车速越高，转向轮的反回速度越快，路面对车轮的横向作用力也越小，因此，这时加快回转方向盘，并增大供油量提高车速，对防止汽车侧滑是有利的。所以转向时，在三个阶段中按上述的驾驶方法操作，可以防止机动车辆侧滑，做到安全行车，同时又能提高机动车辆的行驶速度。

第二节　机动车制动性能和制动非安全区

一、制动的基本方法

目前，企业内机动车辆的制动器主要用机械摩擦式。发动机或蓄电池工作使机动车辆在行驶中储备了一定动能，若没有制动装置，用惯性滑行，单靠机动车辆行驶中的各种阻力(滚动阻力、空气阻力、坡道阻力等)来消耗所储备的动能，使其自行停车，就需要走过很长的距离。

例如，解放CA10B型汽车满载货物在平坦的公路上，以40 km/h的速度行驶，不用制动需300 m左右才能停车。这样就失去了在公路上安全运行的重要条件，从客观实际和安全行车方面考虑这是不允许的。因而，要想强制车速迅速降低，就必须设法将这部分动能尽快地吸收，并通过一定的形式将它转化为另一种形式的能量。常用的直接作用在车轮上的蹄式制动器就是利用这个原理。当制动器发生作用时产生摩擦力矩(即制动力矩),使机动车辆的动能转变为制动蹄片与制动鼓或轮胎与路面间的摩擦热能,从而使行驶的机动车辆降低车速或停车。当然,还有一部分能量消耗在克服机动车辆的阻力上去了。

机动车辆制动器的种类很多,按工作原理分为:机械摩擦式——主要靠接触时的相互摩擦作用;液力式——借阻滞由于被制动零件所搅动的液流起到制动作用;电力式——借制动零件旋转的动能转变为电能而产生制动;排气制动器——改变排气管通过面积,使发动机变成压气机以消耗机动车辆动能。在机械摩擦式中,又分为蹄式、带式和盘式。

机动车辆还可以利用发动机制动,即不像排气制动器那样安装一些设备,而是利用发动机的牵阻作用来实现制动,使驱动轮通过传动机构强制曲轴转动而产生阻力,从而消耗机动车辆的动能,达到降低车速的目的。

驱动力矩大于行驶阻力矩,两者差用之加速;驱动力矩小于行驶阻力矩,两者差用之减速(制动)。根据这个原理,可以在行车时运用发动机减速,以提前适应道路的变化情况。

二、路面制动力与附着力

一辆行驶的机动车辆,使用制动后,作用在机动车辆上的力很多。首先是车轮制动开始时,在车轮与路面之间产生一种新的外力,称为路面制动力,它与机动车辆行驶方向相反。同时作用在机动车辆上的还有空气阻力和上坡时的坡道阻力等,这些都是阻止机动车辆前进的力量。

机动车辆的惯性力则相反,它是力图保持机动车辆继续前进的力量。在下坡时,坡道作用于机动车辆,产生平行坡度分力促使它向前运动,它是机动车辆制动的不利因素。

路面制动力是怎样形成的呢?它是在机动车辆行驶过程中,驾驶员踏下制动踏板,通过制动传动机构使制动器(如蹄式制动器:制动蹄片与旋转的制动鼓密切接触而产生制动摩擦力)发生作用,这时轮胎与路面之间则出现路面制动力。路面制动力产生的力与制动摩擦力的方向相反,在不计滚动阻力和车轮本身的惯性力时,克服制动摩擦力所需的力称为制动器摩擦力。它相当于用千斤顶把机动车辆架高,踩住制动踏板,在轮胎边缘,沿切线方向推动车轮直到它转动时所需的力。

路面制动力直接影响着机动车辆的制动效果。在同样条件下,路面制动力越大,机动车辆的减速度也越大,停车越快,制动距离越短。反之,路面制动力越小,机动车辆减速度就越小,停车越慢,而制动距离也越长。

路面制动力首先取决于制动器摩擦力。制动器摩擦力与制动器结构、制动器摩擦副的摩擦系数及车轮半径有关,又与施加在制动踏板上的脚蹬力有关。一般情况下,制动踏板力越大,即制动系的液压或气压越高,则制动器摩擦力亦成正比增加。所以路面制动力和制动器结构因素等有关,又与制动踏板上的脚蹬力关系密切。

机动车辆制动时，车轮的运动有两种形式，一为滚动，二为抱死滑动。当制动踏板压力较小时，制动摩擦力不大，路面制动力也较小，车轮运动受阻但是还可以滚动，这时路面制动力应等于制动器摩擦力，随着施加的制动踏板力或制动系的压力的加大而成正比增加，当制动系的压力达到一定值时，制动器摩擦力等于附着力，这时车轮停止转动出现抱死拖带现象。

如果制动系的油压继续升高，则制动器摩擦力仍直线上升。而路面制动力达到附着力后大小就不再增加了。

路面制动力还受轮胎与路面间的滑动摩擦阻力(附着力)限制。如下雨、下雪，路面光滑，附着系数下降，车辆的制动效果不佳。试验表明，在相同的沥青路面上，由于路面的干湿状态不同，虽然车速都是 30 km/h，但制动距离却相差将近 1 倍；干燥的沥青路面与结冰路面相比，同样是 30 km/h 的车速情况下，制动距离相差约 6 倍。

企业内叉车、蓄电池车、前置式翻斗车、小型拖拉机等，多为两轮制动，其制动停车效能没有四个车轮制动的效能好，这一不利因素必须引起驾驶员的注意。

三、驾驶员的反应时间与操纵因素

驾驶员反应时间长短对企业内机动车制动停车距离长短影响很大。所谓反应时间就是驾驶员感知到危险状况以后，通过大脑判断并决定采取措施，之后令脚踩制动踏板所需要的时间。在反应时间内，车辆制动器没有起作用，车辆仍按原速度行驶。驾驶员反应快慢主要取决于反应灵敏程度、技术熟练水平以及体质与疲劳状况。根据一些试验报告认为，最好的反应时间为 0.3～0.7 s，1.5 s 以内为正常，否则不正常。

有的人认为，企业内机动车行驶速度低，反应时间长点短点关系不大。事实上并不是这样。

例如，当车辆以 10 km/h(2.8 m/s)的速度运行时，反应快的驾驶员可在 1 m 内做出正确的判断，并采取制动措施；而反应慢的则需要在 4 m 以后才能做出正确的判断和采取措施。可见，许多突然事故在反应慢的情况下就来不及处理了。

四、机动车的行驶速度的影响

驾驶员从开始踏下行车制动器踏板到完全停车的距离，称为车辆的制动距离，亦即制动器起作用时间和制动器持续作用时间两个阶段车辆所走过的距离，如表 4-1 所示。

表 4-1　机动车辆制动停车距离(m)

路面情况	附着系数	车辆的行驶速度 km/h(m/s)				
		10(2.78)	20(5.56)	30(8.33)	40(11.11)	50(13.89)
冰　路	0.1	3.9	15.7	35.4	62.9	98.1
雪　路	0.2	1.9	7.8	17.6	31.4	49.0
湿泥土路	0.3	1.3	5.2	11.7	20.9	32.7
湿柏油路	0.4	0.96	3.9	8.8	14.7	24.5
碎石路	0.5	0.78	3.1	7.0	12.5	19.6
干柏油路	0.6	0.65	2.6	5.8	10.4	16.3
干水泥路	0.7	0.56	2.2	5.0	9.0	14.0

我们知道,制动距离与机动车的行驶速度有很大关系。行驶速度高,制动距离长。两者成正比例增加趋势。一般把制动距离的产生过程分为三部分:一是制动蹄片开始压在制动鼓上,即踏板工作行程开始到产生减速度,这个时间过程叫制动迟滞时间,它决定于制动器部分变形及工作介质(制动液、空气)的流动阻力。液力传动机构的迟滞时间为 0.03～0.05 s,气力传动为 0.03 s。此时,车辆的运行距离与速度的一次方成正比。二是制动力由零逐渐增大一直到最大,这个过程所需要的时间对于液力传动为 0.15～0.2 s,气力传动可达 1 s,拖挂车则可达 2～2.5 s。此时,车辆的运行距离与速度的一次方成正比。三是制动力达到最大后进行持续稳定制动的距离,这个过程叫最大制动力作用时间,由制动前的速度和车轮在地面的附着力所决定。根据能量定律,在最大制动力作用时间内的制动距离与制动前初始速度的平方成正比,即车速提高 3 倍制动距离为原来的 9 倍。所以,为了使制动距离缩短,唯一的办法是减小车辆的行驶速度。

根据制动距离曲线和经验数据,机动车辆制动距离可用下式表示:

装有液压制动系的机动车辆的制动距离为:

$$s=0.06v_0+0.0085v_0^2$$

装有气压制动系的机动车辆的制动距离为:

$$s=0.14v_0+0.0085v_0^2$$

五、车辆的装载

企业内机动车的载荷经常会变化,由此也引起作用在车轮上负荷的变化,导致制动距离的变化。根据实验,车速在 30 km/h,载重量大于 3 t 的载重机动车辆,每增加 1 t 载重量,制动距离应要增加 0.5～1 m。所以,车辆满载运行时,驾驶员应集中精力,提前处理,特别是叉车载物,紧急制动易造成货物滚落出现意外。

如果机动车制动装置调整的不符合要求,如前轮轻、后轮重,左右轮不平衡,或者前轮不抱，实践证明，将会大大削弱载重车制动的安全性。如果载重机动车只是后轮制动，那么持续制动距离将会延长50%～75%。鉴于企业内机动车辆多为两驱动轮装有制动器，制动的安全性很差，所以，企业内机动车的装载绝不能超重。此外，还应保持机动车辆制动器技术状况良好可靠。

六、车辆制动距离和制动非安全区

1. 制动距离

如果车辆没有制动装置或制动装置失灵，车辆在道路上就失去了控制，就失去了安全行车的重要条件，因而每时每刻都有撞人、撞车、撞物、翻车等危险。由此可见，车辆的制动系统与安全行车有着密切关系，可以说，没有可靠的制动系统就没有行车安全，车辆的制动是安全检查最主要的内容之一。

通常用制动减速度(或制动力)、制动协调时间和制动距离作为评价车辆制动性能的主要指标。制动减速度越大，制动协调时间越短，制动距离越小，车辆的制动性能就越好，反之制动性能就越差。

制动的全部时间是由四个阶段组成：驾驶人员反应时间 t_1，即从看到制动信号起到踏踩制动踏板所需要的时间；制动器起作用时间 t_2，即从踏制动器踏板开始，制动力由零逐渐增大一直到最大为止所需要的时间，此时的减速度达到最大值；制动时间 t_3，即从达到最大的制动力开始后进行持续稳定制动，直到有效制动结束所用时间，这段时间里车辆的减速度基本不变；制动解除时间 t_4，即相当于放松制动踏板至车辆制动力消失的时间。由于 t_4 对制动过程没有影响，一般不予考虑。

设驾驶人员反应时间 t_1 所驶的距离为 S_1，制动系统达到最大制动力所需时间 t_2 及持续稳定制动时间 t_3 里所走的距离分别为 S_2、S_3，则停车距离：

$$S=S_1+S_2+S_3$$

其中 S_2+S_3 为车辆制动距离，S_3 为持续制动距离或拖印距离。

制动距离是评价车辆制动性能最有代表性、最直观、最综合的技术指标，通过制动距离的测定可以判定车速、判定车辆的动向位置，判定车辆的制动效果，判定肇事的性质等。

下面我们从能量守恒的观点出发进行运算，用 S_3 来推算车辆出现拖印时的初速度。车辆原具有动能 $\frac{1}{2}mv_0^2$ 应与车辆制动时摩擦阻力所做的功 PS_3 相等，即：

$$\frac{1}{2}mv_0^2=PS_3,S_3=\frac{mv_0^2}{2P}$$

式中 m——车辆质量，kg；

v_0——车辆出现拖印时的初速度，km/h；

P——车辆制动时的摩擦力 $P=G\varphi$；

G——车辆重量，N；

φ——路面附着系数。

将 $P=G\varphi$ 代入上式得：$S_3=\dfrac{\frac{G}{g}v_0^2}{2G\varphi}=\dfrac{v_0^2}{2g\varphi}$

把 v_0 单位从 km/h 换算成 m/s，g=9.81 m/s² 得：

$$S_3=\frac{v_0^2}{254\varphi}(\mathrm{m})\text{或 } v_0=\sqrt{254\varphi S_3}(\mathrm{m/s})$$

我们就可以从拖印距离 S_3 推算机动车辆出现拖印时的初速度，通常干土路、卵石路、粘荒地 φ 为 0.5，干碎石路 φ 为 0.6，沥青路或混凝土路 φ 为 0.7。

但是车辆制动时，在制动力增长的时间 t_2 内，车辆就有了速度降低量 Δv_0，Δv_0 与制动系统的协调时间 t_2 有关。t_2 受到制动形式的影响(对于液压制动系统 t_2 一般为 0.15～0.2 s，取 0.2 s；对于气压制动系统 t_2 一般为 0.3～0.8 s，取 0.6 s)。在这段时间内平均减速度为 $\frac{1}{2}\varphi$ m/s²。

$$\Delta v_0=\frac{1}{2}g\varphi t_2(\mathrm{m/s})=1.8g\varphi t_2(\mathrm{km/h})$$

则制动前车速 $v=v_0+\Delta v_0$

例：车轮抱死前车速为 10 km/h 的叉车(液压制动)在混凝土路面上的持续制动距离为

$$S_3=\frac{v_0^2}{254\varphi}=\frac{10^2}{254\times0.7}=0.56(\mathrm{m})$$

车辆制动前速度为

$$v=v_0+\Delta v_0=v_0+1.8g\varphi t_2=10+1.8\times9.81\times0.7\times0.2=12.47(\mathrm{km/h})$$

以上是理论值，在实际检查中还要根据经验做些修正。一般情况都进行近似计算，即

$$v_0=\sqrt{254\varphi S_3}(\mathrm{m/s}),S_3=\frac{v_0^2}{254\varphi}(\mathrm{m})$$

一般平坦的沥青路或混凝土路面附着系数 φ 取 0.7，当车速为 10 km/h、20 km/h，制动拖印应分别为 0.56 m、2.2 m。

前述制动距离为 S_2、S_3 之和，一般制动系统协调时间为液压系统 t_2 取 0.2，气压系统取 0.6，则在制动力增大时间内车辆继续行驶的距离为

$$S_2=\frac{1}{2}(v+v_0)t_2$$

制动距离为

$$S_2+S_3=\frac{1}{2}(v+v_0)t_2+\frac{v_0^2}{254\varphi}$$

2. 制动非安全区

企业内机动车在紧急制动时，它行驶中所储备的动能不能立即全部转化成其他能量，而总要有一个过程。在这个过程中继续行驶的距离，叫制动的非安全区。制动的非安全区除了制动距离外，还要包括驾驶员的反应时间内车辆所行驶的距离 S_1。

驾驶员反应时间假设为 0.8 秒，则

$$S_1=0.8v$$

那么，停车距离为

$$S=S_1+S_2+S_3=0.8v+\frac{1}{2}(v+v_0)t_2+\frac{v_0^2}{254\varphi}$$

试验表明，在相同的初速度、相同的气压或踏板力下，车辆在空载和满载时的制动距离是明显不同的。满载时制动距离延长。所以为了严格控制车辆的制动性能，对于空载检验制动性能有质疑时，应按 GB/T16178－1996《厂内机动车辆安全检验技术要求》中重载检验的制动距离要求进行检验。

第三节 车辆制动时的异常现象和制动性能检查

机动车辆运行中，因制动问题所造成的事故，虽然原因是各式各样的，但主要的原因还是由于驾驶员思想不集中以及对道路交通情况和行人动态判断不正确或操作方法不妥当等，从而延长了反应时间或制动时间，使制动非安全区没有做到应有地缩小，导致事故的发生。还有一些事故，是由于制动系统技术状况变坏而影响到制动效果所致。在轮式车辆中，制动时最常见的异常现象是制动距离延长、制动跑偏和侧滑等现象。

一、制动距离延长

运行着的机动车辆在制动时，超过了规定的距离，称为制动距离延长。制动距离的长短决定于使机动车辆减速行驶的路面制动力的大小，也就是取决于制动器摩擦力的大小。当然延长制动器起作用时间，也会使制动距离增加。对于蹄片式制动器来说，凡是制动鼓与制动蹄片之间的正压力减少或摩擦系数下降，均会使制动器摩擦力变小，当下降到一定数值，则会使制动距离延长。如果制动器摩擦力下降得非常多，就会出现制动失效。

二、制动跑偏

机动车辆在制动时不按直线方向减速停车，而是自动偏向一方(左或右)移动，这种现象称为“制动跑偏”。机动车辆的制动跑偏脱离运行轨迹，往往是造成撞车、掉沟甚至翻车等事故的根源,这是一种很危险的征兆。

制动跑偏的原因主要有:一是机动车辆左右轮(主要是转向桥左右轮)制动器摩擦力不相等;二是制动时悬架导向杆系与转向系拉杆在运动学上不协调。后者造成跑偏的方向是不变的,总是向着一侧跑偏,这属于设计结构问题。

三、制动时的侧滑

行驶的机动车辆因制动或其他原因,常常向侧面发生甩动,此种现象称为侧滑。在潮湿或溜滑的道路上出现的侧滑的现象很多,特别是紧急制动时更为严重,几乎每次都要发生侧滑。机动车辆侧滑常常使超越或相会的平行车辆相碰,或使汽车掉沟、撞上建筑物等。倘若在侧滑中遇到石块及路上的其他障碍物时,就会引起翻车。

制动系产生以上故障的主要因素有:(1) 制动室皮碗漏气或破损;(2) 从制动总泵到各个制动分泵的管道或接头漏油漏气;(3) 制动踏板轴卡滞;(4) 制动鼓失圆或有油;(5) 制动鼓与蹄片间隙过大;(6) 制动阀调整不当;(7) 制动总泵制动阀座卡死;(8) 制动阀平衡弹簧调整不当或弹簧变软;(9) 空压机皮带打滑或阀座松动、阀片损坏;(10) 贮气筒积水过多。这些故障的存在严重影响车辆制动效能,每一故障的出现,都可能是导致事故发生的直接原因。

四、轮式车辆制动性能的检查

1. 为保证车辆的行驶安全,对车辆的制动系的技术要求

(1) 应具有足够的制动力,并应使前后桥制动力分配合理,以便充分利用各桥的垂直载荷。应能保证车辆在一定初速度下制动距离在规定的范围内。

(2) 应具有停车制动性能,即使用停车制动器可以使车辆停在规定的坡道上而不溜坡。

(3) 操纵轻便。施加于制动踏板和停车制动杆上的作用力不应过大,否则,容易引起车辆驾驶员的疲劳,甚至使他们不能达到最大制动操作力。

(4) 制动平稳。制动时制动力应迅速而平稳地增加;在放松踏板时,制动作用应迅速消失。

(5) 制动稳定。车辆左右轮制动力偏差在允许的限度内,保证车辆制动时不会跑偏及侧滑。

(6) 不能自行制动。在踩制动踏板之前,或车轮跳动及转向时,不应引起自行制动现象。

(7) 抗热衰退能力。要求制动器的摩擦材料性能可靠,摩擦片能具有高的抗热衰退能力,以免制动鼓温度较高时,摩擦系数急剧下降,致使制动迅速减小,制动性能明显变坏,摩擦片摩擦加剧甚至烧坏。

(8) 水湿恢复能力。当制动器水湿后,要求它能尽快恢复其制动性能。

2. 制动性能评价参数

制动距离、制动力(或制动减速度)和制动时间存在如下关系式:

$$S=(t_1+\frac{1}{2}t_2)v+\frac{v^2}{2j}$$

式中　S——制动距离；

t_1——制动系的反应时间；

t_2——制动力增大的时间；

v——汽车出现制动拖印时的初速度；

j——制动减速度。

从以上公式我们可知，制动距离、制动减速度及制动系统协调时间(t_1+t_2)这三个参数只要测得其中两个就可以推出第三个来。因此只要规定两个检验指标就可以较全面评价车辆的制动性能。有时为了简化，也可以单独测试制动距离。就企业而言，一般不具备测试制动力和减速度的仪器、设备，可采用测试制动距离来检测车辆的制动性能。

3. 制动装置的检测与调整

1) 行车制动系制动踏板的自由行程应符合该车使用说明书的规定

(1) 检测方法

制动踏板自由行程的检测可用直尺进行。先测出制动踏板在完全放松时的高度；再用手轻轻按下踏板，当感觉有阻力时(对于气压式制动系，调整螺钉端与挺杆刚刚接触；对于液压式制动系，总泵活塞推杆端面与活塞刚刚接触)，测出踏板高度。前后两次测出的高度差即为制动踏板自由行程的数值。

(2) 调整方法

① 气压式制动踏板自由行程的调整

如图 4－2 所示，气压式制动踏板自由行程是通过改变制动控制阀拉臂上的自由行程调整螺钉与挺杆的间隙来调整的。旋进自由行程调整螺钉，则踏板自由行程减小；旋出自由行程调整螺钉，则踏板自由行程增大。一般是先将自由行程调整螺钉的锁紧螺母松开，然后慢慢地旋入自由行程调整螺钉，当听到控制阀有“咝咝”的泄气声时，停止旋入。再慢慢地旋出自由行程调整螺钉，直到听不到泄气声后，将螺钉退回 1/4 圈，然后旋紧锁紧螺母。检查自由行程是否合适和制动放松后有无拖滞情况，如有拖滞情况，再将螺钉退回一些。如此反复，直到调整合适为止。如经过以上调整，仍未达到该车的制动踏板自由行程的要求，可改变制动阀臂拉杆的长度，继续进行调整。拉杆旋出，则踏板自由行程增大；反之则减小。

② 液压式制动踏板自由行程的调整

如图 4－3 所示，跃进 NJ130 型汽车制动踏板为众多工程机械采用。跃进 NJ130 型汽车踏板自由行程为 8～14 mm，即推杆与活塞间的间隙为 1.5～2.5 mm。它是通过改变推杆的长度来调整的。调整时，松开锁紧螺母，旋转推杆，则推杆伸长，使踏板自由行程缩小；反之则使踏板自由行程增大。

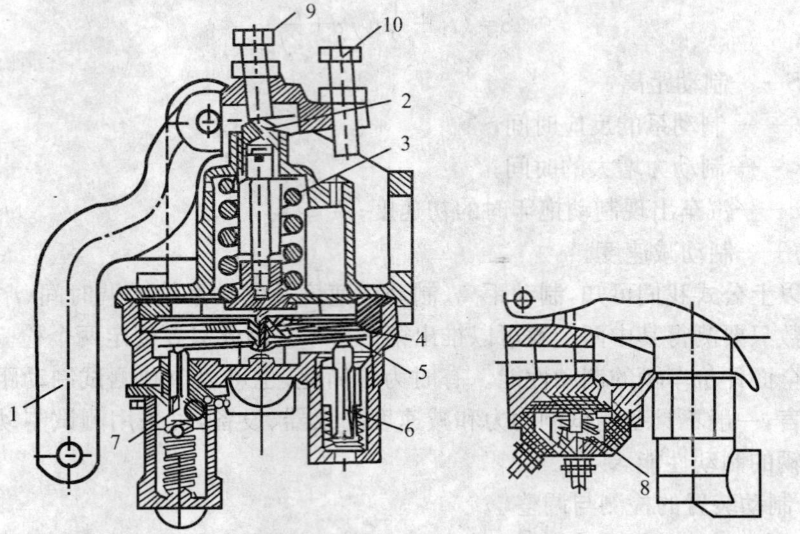

图 4－2　气压式制动阀

1－制动阀拉臂；2－挺杆；3－稳定弹簧；4－制动阀膜；5－气阀摇臂；6－排气阀；7－进气阀；8－制动灯开关；9－自由行程调整螺钉；10－最大工作气压调整螺钉

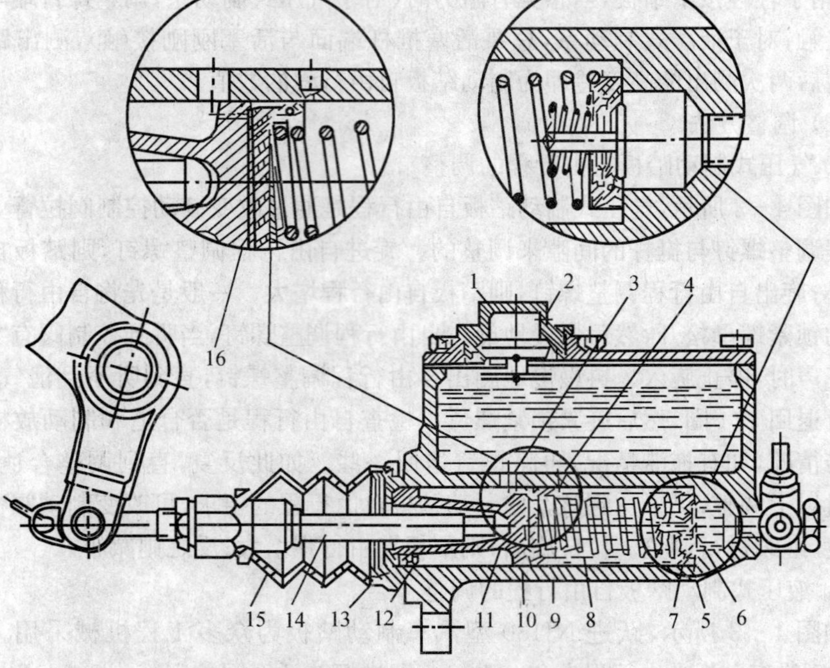

图 4－3　跃进 NJ130 型制动总泵(主缸)

1－螺塞；2－通气孔；3－补偿孔；4－旁通孔；5－回油阀；6－出油阀；7－出油阀弹簧；8－活塞回位弹簧；9－皮碗；10－活塞上小孔；11－活塞；12－橡胶密封圈；13－挡圈 14－推杆；15－橡胶防护罩；16－弹性星形片

如图 4-4 所示为北京 BJ212 型汽车制动踏板。

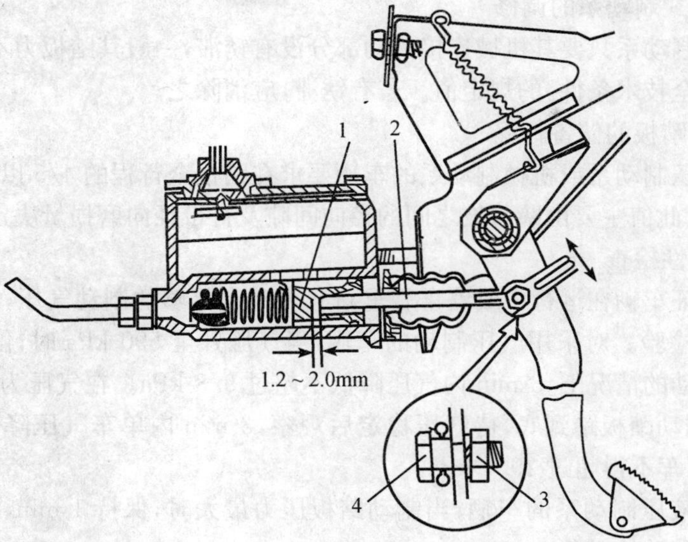

图 4—4　北京 BJ212 型汽车制动踏板自由行程的调整

1—活塞；2—推杆；3—锁紧螺母；4—偏心螺栓

北京 BJ212 型汽车制动踏板的自由行程为 10～15 mm，调整是通过旋转偏心螺栓进行的。

调整时，先旋松制动踏板上的锁紧螺母，转动偏心螺栓，使总泵活塞推杆与活塞之间保持 1.2～2.0 mm 的间隙，然后旋转锁紧螺母，再复测踏板自由行程，直至达到该车规定的踏板自由行程。

2）制动踏板力的检测与调整

(1) 检测方法

制动踏板力的大小，目前多凭检测人员实际踩踏板的反力感觉检测。如踩制动踏板时的反力感觉小（俗称“轻”），则表明制动踏板力小；反之，如踩制动踏板时的反力感觉大（俗称“重”），则说明制动踏板力大。

(2) 调整方法

① 液压式制动系的调修

如液压式制动系制动踏板力过大，且制动力偏低，应先检查踏板轴有无生锈、转动不灵活现象，若有应除锈后给予润滑。检查制动油管和接头有无漏油，如有漏油之处，应进行修理或更换。如发现软管有老化、发胀、不通畅等现象，应予更换。再检查并调整各车轮制动蹄型摩擦片与制动鼓的间隙。若均正常，则需检查制动蹄片回位弹簧是否过硬、制动总泵和分泵皮碗是否发胀、其活塞与缸壁配合是否松旷,并采取相应措施排除之。

② 气压式制动系的调修

气压式制动系只要其机械连接传动部分没有锈滞,一般其踏板力不会超过《机动车运行安全技术条件》的规定值。若有锈滞,应消除之。

3) 制动踏板的储备行程

采用液压制动系或机械制动系的车辆要求在踏板全行程的 4/5 以内达到最大制动效能。(此值主要由蹄与鼓之间的径向间隙及衬带径向磨损量决定。)

4) 密封性检查

为了保证车辆在运行中或停车后重新起步时有足够的制动气压,对制动系的密封应进行检验。对采用气压制动的车辆,当气压升至 590 kPa 时,停止发动机,在不使用制动的情况下,3 min 内气压降低不超过 9.8 kPa。在气压为 590 kPa 的情况下,将制动踏板踏到底,待气压稳定后观察,3 min 内单车气压降低不得超过 19.6 kPa,列车不得超过 29.4 kPa。

对采用液压制动系的车辆,当制动踏板压力最大时,保持 1 min,踏板不得有缓慢向地板移动的现象。

5) 限压装置及放水阀

为了保障气压制动系贮气筒的贮气安全,气压制动系必须装有限压装置,确保贮气筒内气压不超过允许的最高气压;为了防止贮气筒内积水和结冰,贮气筒应装有放水阀。

6) 贮气筒的容量

贮气筒的容量应保证在不继续充气的情况下,连续 5 次全制动后,气压不低于起步气压(未标起步气压者,按 392 kPa 计)。

7) 空压机的充气性能

为了检查空气压缩机充气性能,对于采用气压制动的车辆,在发动机的中等转速下,4 min(带挂车的 6 min)内,气压表的指示气压不低于起步气压(未标起步气压者,按 392 kPa 计)。

8) 自行制动

在车辆运行过程中,不应有自行制动现象。

4. 路试检验汽车的制动性能

(1) 制动性能评价

制动性能评价主要包括制动效能、制动效能的恒定性和制动时方向的稳定性的评价。

制动效能即制动距离或制动减速度。制动距离最直接影响行车安全,是人们最关心的指标。但是,制动距离受车速影响,也受道路条件、驾驶员的反应敏捷程度等非车辆本身结构因素的影响。

制动效能的恒定性，主要是检查连续制动后，车辆制动效能下降的程度，这对连续下坡的车辆安全也很重要。

制动时的方向稳定性是指制动时汽车不跑偏、侧滑。

(2) GB/T16178—1996《厂内机动车辆安全检验技术要求》规定

车辆在平坦、硬实、干燥和清洁的水泥或沥青路面（附着系数为 0.7）上的制动距离和跑偏量应符合表 4－2 中的规定。对空载检验制动性能有质疑的，可用表中满载的制动性能要求进行检验。

表 4－2　各类车辆的制动距离、稳定减速度、偏移量数据表

车　类	装载	初速度 $/km \cdot h^{-1}$①	制动距离 /m	偏移量 /mm②	稳定减速度 $/m \cdot s^{-1}$	点制动③
大型汽车 总质量＞12 t	空 重	20 30	≤4.4 ≤9.5	≤80 ≤200	≥5.5 ≥4.8	不跑偏
大型汽车 4.5 t≤总质量≤12 t	空 重	20 30	≤3.8 ≤8.0	≤80 ≤200	≥6.4 ≥6.0	不跑偏
小型汽车 总质量＜4.5 t	空 重	30	≤6.5 ≤7.0	≤80	≥6.9 ≥6.4	不跑偏
大型轮式自行专用机械 总质量≥5.0 t	空 重	20	≤4.0 ≤9.5	≤80	≥4.0 ≥4.0	不跑偏
小型轮式自行专用机械 总质量＜5.0 t	空 重	20	≤3.5 ≤8.0	≤80	≥4.0	不跑偏
方向盘轮式拖拉机 （带挂车）	空 重	20	≤5.4 ≤6.0	≤80	≥5.0 ≥4.0	
电瓶车	空	10	≤2.5		≥5.0	不跑偏
二、三轮摩托车		20	4.0	≤40		

① 气压制动系：气压表指示气压≤590 kPa　液压制动系：踏板力≤700 N。
② 在规定的初速度下紧急制动的稳定性要求。
③ 点制动时对车辆的稳定性要求。

5. 驻车制动装置的要求

（1）驻车制动装置必须通过机械装置把工作部件锁住，而且施加于操纵杆上的力不大于 500 N。

（2）驻车制动操纵装置的安装位置要适当，其操纵杆必须有一定的储备行程，一般应在操纵杆全程的 3/4 产生最大的制动效能；棘轮式制动器应在第三次拉动拉杆全行程的 2/3 处产生最大制动效能。

6. 驻车制动器的调整

(1) 放松驻车制动器拉杆,用厚薄规片插入摩擦片与制动盘之间。旋转拉杆调整螺母,直到拉动厚薄规片有明显的阻力为止。

(2) 调整时,应根据具体情况加以调整,一般调整到制动盘转动时,不刮碰摩擦片,在按紧时又能完全制动即为合适。经过调整后,驻车制动拉杆行程应达到《厂内机动车辆安全检验技术要求》的要求,即一般应在操纵杆全行程的 3/4 之内产生最大的制动效能,棘轮式制动器应在第三次拉动拉杆全行程的 2/3 以内产生最大制动效能。在放松拉杆后,制动器摩擦片能迅速张开、制动盘转动时不刮碰摩擦片为宜。

7. 车辆道路试验用第五轮仪

在进行车辆道路试验时,要测量车辆的速度、制动距离和刹车拖印。企业虽然一般可以利用由传动系驱动的速度表和里程表、秒表,但这种方法不准确。因为车辆驱动轮的滚动半径直接受着驱动力矩、地面对轮胎切向作用力、车辆载荷、轮胎气压及其磨损程度等影响;此外,车辆上里程表和速度表的精度也较低。秒表测量精度和使用者的操作很有关系。为消除这些因素对测量精度的影响,故一般采用第五轮仪。它可以较准确地测量出车辆行驶的距离、时间和速度。因此,它除可以测量车辆的加速性能外,还可以测量在一定速度下的制动距离和制动时间等参数。

8. 电瓶车的制动联锁装置应齐全、可靠

制动时联锁开关必须切断行车电动机的电源。

五、履带式车辆制动性能的检查

目前,履带式车辆制动操纵机构有机械式、液压式和气压式。制动器踏板的自由行程一般为 40～80 mm,盘式制动器的自由行程稍大些,这是因为盘式制动器的旋转元件和制动元件间的总间隙较小,如果自由行程过小,驾驶员稍一踏下踏板就已开始了制动,这样易使摩擦衬面加速磨损。左右踏板的行程必须一致,否则车辆在紧急制动时会容易产生偏转而发生事故。

如果在直线行驶中降速或停车,则必须注意首先分离主离合器,然后再制动。如果用作协助履带车辆转向,则必须注意首先分离慢速侧的转向离合器(或松开慢速侧的行星机构制动器),然后再制动该侧驱动轮。履带车辆制动系,要注意检查各连接件的可靠程度。

当摩擦衬面磨损后,为了调整踏板的自由行程,有一些杆件的长度是可调的。左右制动器的踏板可用连接板连接,以便同时制动两驱动轮。当松开制动时,制动踏板都应该有回位弹簧使其自动回位。为使车辆能在斜坡上停车或在做固定作业时不随意移动位置,在操纵机构中都有停车锁定的装置,它能卡住已踏下的制动踏板,使其不能回位,以使制动器能在没有驾驶员操纵的情况下长时间地处于制动状态。

履带车辆制动系统的检查:履带式车辆在一挡行驶时,同时拉动(分离)转向离合器操纵杆时，机械应立即停止前进；机构在大油门下行驶时，同时踏下左右两个转向制动器时，机械在 3 秒钟内应停止并熄火；制动性能试验时，在车辆允许的工作坡度内，使车辆由坡顶向下行驶，当行走半坡上紧急制动时，车辆应能可靠地停住。

第四节　作业中的稳定性

工程机械作业时，由于外载荷（切削阻力、土斗重力、起吊的桥梁或轨排等重力……）迫使机械的合成重心移动，而且重力与外力的合力作用线一旦超出机械在地面的支承底面，机械将失去稳定（纵向或横向）。因此，机械的稳定性计算是非常重要的。

一、叉车的稳定性

稳定性是保证叉车安全作业的最重要条件。稳定性不足，将造成倾翻事故。由于货叉位于叉车前方，货物重心位于叉车纵向支承面以外，当货物提升码垛或满载紧急制动时，有可能使整车向前倾翻或将货物自货叉上甩出，失去纵向稳定。由于叉车满载，转弯或行驶于倾斜路面，特别是急转弯时，有向侧面倾翻的危险。根据统计，叉车横向翻车事故较纵向为多。

1. 叉车满载码垛时的纵向稳定性

叉车在水平地面，门架直立，货叉满载起升到最大高度如图 4－5所示，此时，如叉车自重与货物重量的合成重心处于叉车支承面以内，叉车不致前倾，如处于前轮接地连线上即为临界状态，出线则将前翻。所以每次装卸作业载重不得超过处于相应载荷中心时的允许载荷量。

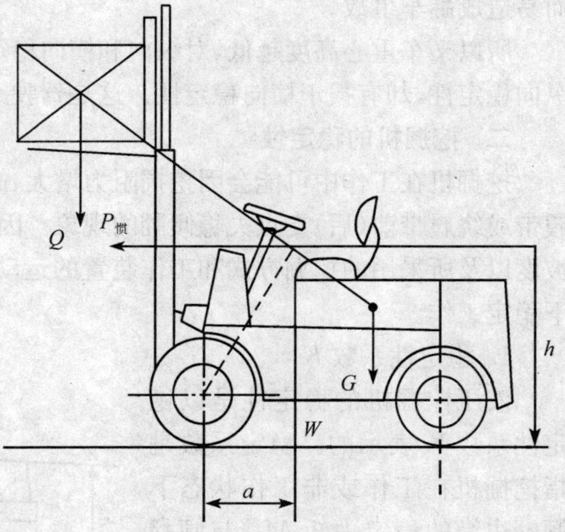

图 4－5

2. 叉车满载行驶时的纵向稳定性

叉车满载时行驶，货叉离地 300 mm 于平道上全速行驶制动，此时叉车受重力及制动惯性力作用。制动惯性力 $P_{惯}$ 通过叉车合成重心点，当制动时，由于惯性力 $P_{惯}$ 的作用，$P_{惯}$ 与($G+Q$)的重力合力超出两前轮接地点连线时（图 4－5），叉车将绕前轮向前翻转，失去纵向稳定性，造成事故。

如制动惯性力在此之前即已减小或消失，即可免除事故发生。一般要求 $P_{惯}$

与(G＋Q)对前轮连接线力矩平衡：

$$P_{惯} h=(G+Q)a$$

所以叉车禁止超载高速行驶。

3. 叉车满载码垛时的横向稳定性

一般叉车后桥轮距小于前桥，若重心后移，则使重心垂直作用线愈接近侧方倾翻临界线，因而横向倾翻可能性将愈大。由此可见叉车满载，且将货物起升到最大高度时进行码垛，门架后倾角愈大，愈有利于纵向稳定性，但对横向稳定性有损。叉车侧向倾翻临界线，四支点叉车为外侧两轮与地面接触点连线，三支点叉车为前轮与后桥中心点的连线。

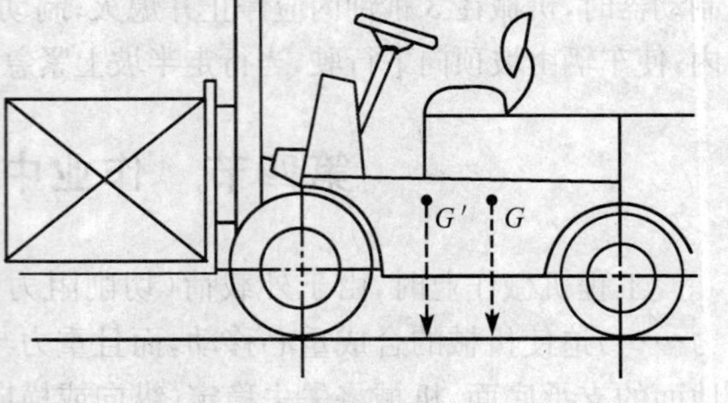

图 4－6

4. 叉车空载行驶时的横向稳定性

根据统计，起升高度较小的叉车，翻车事故的出现，空车较重车为多。其主要原因在于满载行驶时，叉车合成重心 G 前移到 G'(如图 4－6)，侧向倾翻的力臂增大，增加了横向稳定性。空车行驶时，司机以为空车行驶，转弯或下坡不必减速，因而易造成翻车事故。

所以叉车重心高度越低，对纵向和横向稳定性越有利。重心越靠后，越有利于纵向稳定性，却有损于横向稳定性。这是驾驶叉车时必须掌握的要领。

二、挖掘机的稳定性

挖掘机在工作中可能会因挖掘阻力增大、卸载半径或坡度的影响，产生绕一侧履带或绕履带前(后)支点失稳倾翻的现象。因此挖掘机司机应随时注意停机面的坡度以及所采用的挖掘方式和工作装置的运动速度等，使挖掘机能够在各种情况下稳定工作。

1. 稳定性系数 K

液压挖掘机的稳定性是以稳定性系数 K 表示的。稳定系数是指挖掘机在工作或非工作状态下倾翻边缘的稳定力矩 M_1，与倾翻力矩 M_2 的比值。如图 4－7 为侧向卸土时，对倾翻点 A 的稳定性计算示意图。

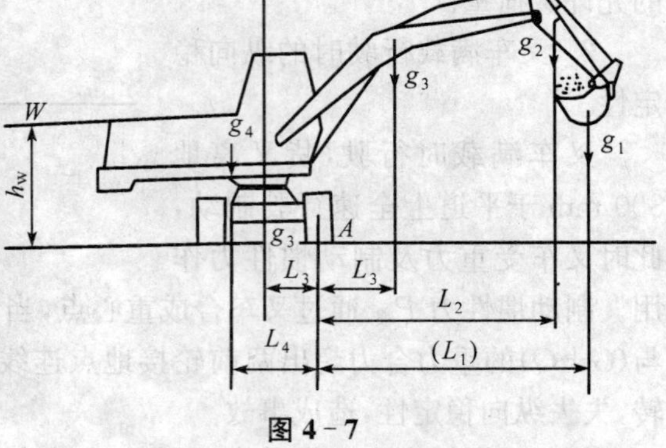

图 4－7

设：A 点右侧悬挂及料斗合成

重心为 g_2，A 点左侧机体重心为 g_1，设风载荷 W 与其作用高度也形成倾翻力矩，故总的倾翻力矩为 M_2

$$M_2 = g_2 L_2 + W h_w$$

挖掘机稳定力矩为肘，

$$M_1 = g_4 L_4$$

式中　L_4、L_2——g_4、g_2 到 A 点的力臂；

h_w——风载荷作用点的高度。

稳定性系数 $K = \dfrac{M_1}{M_2}$，只有当 K 大于 1 时，才能保证挖掘机的静稳定性。

挖掘机工作时，司机应特别注意作业稳定、自身稳定和行走稳定。

2. 工作稳定性

(1) 挖掘失稳

挖掘机在挖掘过程中遇到树根、岩石等易造成失稳，后部翘起有欲向前倾翻的倾向，此时既不能继续挖掘，也不能迅速释放正在作业的液压缸，避免整机突然后坐，造成机器局部损坏。

(2) 斜坡作业

若铲头位于下坡方向并以最大半径卸载，因调整装车高度而下降动臂，若突然制动动臂，会因工作装置及土的惯性而造成倾翻。此时应尽量缩小卸载半径、控制动臂下降速度，减少惯性作用。

(3) 斜坡上满斗作业

此时若动臂在最大回转半径的情况下紧急制动时，由于工作装置加上斗中土重及转台各部分重量产生的惯性，将会造成向机械侧面倾翻。此时应尽量收回铲斗，放小满斗时的回转半径，同时放慢回转速度。

(4) 行驶稳定性

挖掘机沿坡道下行且顺风行驶时，因工作装置重心太远，而容易向下倾翻；反之上坡行驶且逆风时，如工作装置重心太近（动臂太短），也容易因起步等原因使其向后倾翻。因此，挖掘机上下坡时应根据坡角来调整工作装置重心的远近，以保证坡道行驶稳定，同时还必须做到不突然起步或紧急制动等。

三、装载机的稳定性

这里提醒装载机驾驶员：

1. 当装载机满载在水平地面，铲斗重心与动臂架铰接销连线在水平位置或者当装载机满载处于坡角等于临界失稳角的坡道上时，作业中纵向稳定性最低。

2. 装载机满载铲斗在最大举升高度位置时，装载机作业中横向稳定性最低。

3. 铰接式装载机转向时,纵向和横向稳定性均低于车架直线位置时的稳定性,转向时,内侧稳定性低于外侧稳定性,一旦发现一级失稳(重心超出后桥铰销和两前轮接地点组成的投影三角形),应立即回转方向盘,使其恢复直线位置。

第五章　企业内机动车辆驾驶作业安全操作技术

保护职工在生产过程中的安全和健康，是党和国家的一项重要政策。安全和生产是统一的整体，哪里有生产，哪里就存在安全。只有提高厂内机动车驾驶员操作技能和安全意识，以及引起全体工作人员的高度重视，真正做到全员抓安全，才能杜绝伤亡事故的发生，做到安全生产。本章以常见的厂内机动车辆为例着重阐述其安全操作技术。

为了防止安全事故的发生，减少事故带来的损失，就必须从源头抓起。为此厂内机动车驾驶员必须遵守以下规则：

1. 机械在运转前，必须认真检查，确认车辆技术状况良好、安全装置齐全有效后，方能启动使用。

2. 作业时应精力充沛、思想集中，遵守有关法规，严禁酒后驾驶，严禁人机带病操作。

3. 严格遵守安全驾驶规程，不得超载、超速使用机械，不得擅自离开工作岗位。

4. 作业中应认真监视机械的运转，发现有异常情况（如剧烈振动、异响、异味及温度和压力突变等）应立即停机检查，排除异常后才能继续使用。

5. 机械运转部件未停转时，一般不得接触转动部分或对其进行维修。

6. 机械停止运转后，应放松或复原带负荷的工作部件，将可动悬挂件（如推土机铲刀、挖掘机挖斗等）放下并垫好。

7. 驾驶室应保持清洁，禁放易燃易爆物品和其他杂物。

8. 按照相关规定，穿戴好相应的防护用品。

第一节　车辆安全驾驶一般驾驶技术

作为厂内机动车驾驶员首先必须弄清所驾驶车辆的各种操作装置和仪表的配置，了解其作用和使用方法，然后通过具体操作实践，不断加深认识，达到正确和熟练地操作。否则，在运用过程中将难免出错，有可能发生各种事故。

一、驾驶姿势

正确的驾驶姿势能减轻驾驶员的劳动强度，便于运用各种驾驶操纵装置，观察各种仪表和车辆周围的情况，从而能持久、灵活、安全地进行各种操作。因此首先要注意选取正确的驾驶姿势,这是最基本的要求。

二、转向盘的作用

转向盘的正确握法,两手应分别握稳转向盘边缘左、右两侧。两手位置(按时钟表面十二时的位置)左手在九、十时之间,右手在三、四时之间。

在平直道路上使用转向盘,两手动作应平衡,相互配合,避免不必要的晃动。转动时须根据应转方向,以一手拉动,一手辅助推送,转动速度应与行驶速度相适应。

转急弯时,拉动和推送转向盘应两手交替操作,以加速转弯动作。为避免急剧的转向,在视线清楚,不妨碍对方来车的情况下,应降低车速,加大车辆的转弯半径。在高低不平的道路行驶,应握紧转向盘,防止受颠而回转击伤手腕。

转动转向盘不宜粗鲁、猛烈,不得原地转向,以免损坏转向机件,不得用两手不变位置地断续推送,也不得用单手或双手集中一点掌握转向盘。

三、加速踏板的运用

加速踏板即油门,操作时两手握稳转向盘,右脚前半部(脚掌)放在加速踏板上,以脚跟为支点,用脚关节的屈伸动作踏下或放松。踏、放时,用力要柔和,不宜过紧,要做到"轻踏、缓抬",不无故忽踏忽放或连续扇动。

行驶或冲坡时,不得将加速踏板完全踏下,在平路上行驶,如已踏下踏板达其行程的3/4,而发动机转速还不能相应增加时,应稍抬或换用低一级挡重新加速。

行驶中发动机乏力时,如因故障应停车检查、调整,如因换挡不及时则应换低一挡重新加速,不能用多踏加速板或加"空油"的办法来加快发动机的转速,勉强维持行驶。

四、离合器的运用

使用离合器时,应两手稳握转向盘,用左脚前半部(脚掌)踏在离合器踏板上,以膝和脚关节的屈伸动作来踏下或放松。

踏下离合器踏板时,应迅速并一次踏到底。起步松离合器踏板时,在离合器尚未接合前可比接合时稍快,当离合器开始接合时应缓慢,已完全接合后应迅速将脚从踏板移开。起步后逐渐换挡时,使用离合器接合动作可稍快。行驶中不得将脚放在离合器踏板上,并不得使用半踏离合器踏板的办法来降低车速。

换挡时应使用踏两脚离合器的操作方法,禁止不踏离合器换挡。用一脚离合器换挡时,应掌握行车速度时机,及时而敏捷地换入。

由调整挡换入低速挡时,踏两脚离合器的操作顺序:1)放松加速踏板,握住变速杆球头;2)踏下离合器踏板,迅速将变速杆移入空挡随即放松离合器踏板;3)略踏加速踏板后,再次踏下离合器踏板,将变速杆放入低一级挡位,放松离合器踏板。

除紧急情况和下坡需要利用发动机控制车速外,凡预见性停车使用制动器时,必须踏下离合器踏板。

五、变速器的运用

变速器操纵杆(变速杆)的握法正确，可以使换挡动作灵活、敏捷而准确。挂挡或换挡时，应左手握稳转向盘，放松加速踏板，踏下离合器踏板；另右手的掌心微贴变速杆球头的顶端，手指轻握杆球，以手腕用相应的力量准确地推入或拉入。换挡时，两眼应注视前方，不得分散掌握车前情况的注意力。

每当挂、换挡时必须经过空挡位置。变换行进方向，必须在车辆停止时进行，以免损坏变速器齿轮。

换挡时，不得强推、硬拉，使齿轮发生撞击声响。如起步挂挡不进，可放松离合器踏板再挂，或推入其他挡位摘下后再挂。如在行驶中换挡不进，可踏下离合器踏板，将变速杆放在空挡位置略停，稍踏一下加速踏板再换。变换挡位一般应逐级进行，不应越级换挡。

六、制动踏板的运用

使用脚制动时，应两手稳握转向盘，先放松加速踏板，并踏下离合器踏板，然后用右脚掌踏在制动板上，以膝和脚关节的屈伸动作踏下或放松。

踏下制动踏板的行程和速度，应根据不同的制动装置以及要求的制动效果，分别采用立即完全踏下、先轻踏下再逐渐重压或随踏随放等方式以达到减速或停车的目的。除有紧急情况施行紧急制动外，一般的制动必须缓慢轻踏，放松制动踏板时却须迅速。

下陡长坡时的制动，先应挂入低速挡，放松加速踏板，利用发动的阻力控制车速，并适当踏下制动踏板，必要时可拉动手制动杆协同减速。

在行驶中除紧急情况外，一般应采取预见性制动的方法，或利用减速滑行降低车速，以减轻制动器的负荷，并避免车辆发生冲闯，或轮胎在地面拖磨。

七、手制动器的运用

手制动器一般供停车后不使车辆移动使用，或行驶中紧急停车，配合脚制动器一并使用。拉紧制动时，应四指并拢，虎口向上，大拇指在杆上，向后拉紧；放松时，将杆稍向后拉，用大拇指按下杆头的按钮后，将杆向前推松到底，解除制动。

八、发动机的启动

发动机的启动应先检查机油，看机油是否缺少，及时添加相应级别的机油到标准刻度处；其次，如果是水冷发动机应检查冷却水(防冻液)是否足够，根据情况添加冷却水；最后检查发动机皮带是否松动、电瓶连接线头是否紧固、电瓶电解液是否足够、燃油是否足够。对有预热装置的发动机，启动前应将预热开关打开预热40～50 s，在寒冷的地方应多预热几次。发动机启动后不能立即开始工作，热机数分钟后方可使用。

第二节　叉车安全操作技术

叉车是仓库、车间、车站、货场等众多场合用于货物的装运、转移、卸载的一种机械设备。它具有操作方便、动作灵活，工作场地小、维修保养容易等诸多优点。叉车可分为直叉式和侧叉式，以及电瓶叉车和内燃叉车。

一、作业前的准备

1. 作业前应该了解所叉货物的形状、重量以及所叉的方向。

2. 熟悉将要作业的最大工作面积，了解其周围有无障碍物及其他危及安全的因素，并让无关人员离开作业区。

3. 检查叉车各仪表、灯光和喇叭装置的有效性。

4. 检查叉车转向和制动装置的有效性。

5. 检查轮胎的完好情况，气压是否符合规定标准。

6. 电瓶叉车应检查电量是否充足，内燃叉车应检查燃油是否足够。

7. 检查液压系统有无漏油。

8. 检查起重系的完好性，两条起重链条的张紧要适合而且要相等。

9. 了解所驾驶叉车的有关技术参数。

10. 工作前应该鸣喇叭，以告周围人员要注意安全。

二、作业与行驶的要求

1. 在行驶中应该将货叉尽量放低，以防止货物掉落而损坏。

2. 叉货时应将货叉前倾，以方便叉货(一般叉车的前倾角为3°～6°)。

3. 叉好货物时应将货叉向后倾斜使其达到一定的倾斜角(一般后倾角为10°～12°)，以防止货物在运输过程中掉落。

4. 在货物的运输过程中，应尽量选择平坦的路面，而且车速不宜过快，以防止车辆颠簸将货物摔落。

5. 在货物的运输过程中，在有条件的情况下，应该使车辆转弯半径增加，但如果过大反而降低了叉车的作业效率。

6. 在装货时货物的提升高度不宜过高，应尽可能降低起升高度。

7. 在有条件的情况下，应将货物进行捆扎(如在叉运大铁板时，应将铁板与货叉叉于U字形的工件之中，然后慢慢提升货叉，否则将无法搬运)。

三、作业后的要求

1. 作业后应将叉车停在平坦的、不积水、没有塌方、不妨碍交通的地方，而且要便于下次出行。

2. 停车前应将货叉放在地面上，将电瓶闸刀关上。

3. 作业后应将车辆进行例行保养并加满燃油(电瓶叉车应充好电)方可离开。

第三节　装载机安全操作技术

装载机是一种能进行铲、装、运的循环作业式工程机械。它兼有推土机和挖掘机两者的工作能力，可以进行铲掘、推运、整平和牵引等多种作业。其优点是适应性强，作业效率高，操纵简便。

一、作业前的准备

1. 作业前应先检查发动机机油、冷却水、电瓶电解液、其他部件的紧固、活动部件的润滑等情况。

2. 检查轮胎的完好情况及气压是否符合规定标准。

3. 机械在发动前，先将变速杆置于空挡位置，各操作杆置于停车位置，铲斗操纵杆置于浮动位置，然后再启动发动机。

4. 作业前，先做无负荷运转 3～5 min，检查各部件是否完好，确认一切正常后，才开始装载作业。

5. 作业前，应检查作业场地周围有无障碍物和危险品并将施工场地进行平整，便于装载机和运输车辆的出入。

二、作业与行驶的要求

1. 除驾驶室外，机械其他地方严禁乘人。

2. 装料时铲斗的角度不宜过大，以免增加装料阻力。

3. 装料时应低速进行，不得采用加大油门、高速将铲斗插入料堆的方式进行。

4. 装料时，驱动轮如有打滑现象，应微升铲斗再装料，若某些料场打滑情况严重，应使用防滑链条。

5. 在土质坚硬的情况下，不宜强行装料，应先用其他机械松动后，再用装载机装料。

6. 向车内卸料时，必须将铲斗提升到不会触及车厢挡板的高度，严防铲斗碰撞车厢。

7. 向车内卸料时，不准将铲斗从汽车驾驶室上越过。

8. 装载机不能在坡度较大的场地上作业。

9. 在装载机作业中，应经常注意液力变矩器油温情况。当油温超过正常数值时，应停机降温后再继续作业。

10. 一般应采用中速行驶，在平坦的路面上行驶时，可以短时间采用高速挡。上坡及不平坦的路面上，应采用低速挡。

11. 下坡时，应采用制动减速，不可使发动机熄火，以防切断动力发生溜车事故。

12. 行驶中，在不妨碍通过性能的前提下，将铲斗的高度尽可能降低。

13. 通过桥涵时，应先注意交通标志所限定的载重吨位及行驶速度，确认可以通过时再匀速通过。在桥上应避免变速、制动和停车。

14. 涉水时，应在发动机正常有力、转向机构灵活可靠的情况下进行，并应对河流的水深、流速及河床情况了解后再通过。涉水深度不得超过发动机油底壳。

15. 涉水后应立即停机检查，如发现因浸水造成制动失灵，则应进行连续制动，利用发热排除制动片的水分，以尽快使制动器恢复正常。

16. 操作人员离开驾驶位置时，必须将铲斗落地。

三、作业后的要求

1. 装载机应停放在平坦、安全、不妨碍交通的地方并将铲斗落到地面。

2. 停机前，发动机应怠速运转 5 min。切忌突然停车熄火。

3. 按规定对装载机进行例行保养和添加燃料。

第四节　挖掘机安全操作技术

挖掘机是土石方工程施工中的主要机械，其特点是效率高、产量大，但机动性较差。挖掘机可分为轮式挖掘机和履带式挖掘机，也可分为正铲挖掘机和反铲挖掘机等。

一、作业前的准备

1. 仔细阅读挖掘机使用说明书等有关技术资料，详细了解施工现场的任务情况，并采取相应的安全措施。

2. 检查挖掘机停机处土壤的坚实情况和平稳性，轮胎式挖掘机应加支撑并保持平稳、可靠。

3. 挖掘基坑、沟槽时，应检查路堑和沟槽边坡的稳定情况，以防止挖掘机坍塌。

4. 严禁任何人员在挖掘机作业区内停留。挖掘机操作室内禁止无关人员进入，并不准搁置妨碍操作的任何物品。

5. 挖掘机工作场地，应便于自卸车的出入。

6. 检查液压系统有无渗漏。

7. 轮胎式挖掘机应检查轮胎是否完好，气压是否符合规定。

8. 对挖掘机的发动机、传动装置、制动装置、回转装置以及仪器、仪表等进行检查，并经试运转确认正常后，方可开始工作。

二、作业与行驶的要求

1. 发动机启动或操作开始前应发出信号。

2. 装载作业时，应待汽车停稳后再进行装料。

3. 卸料时，在不碰击自卸汽车任何部位的情况下，铲斗应尽量降低，并禁止铲斗从汽车驾驶室上越过。

4. 作业时，禁止任何人上下机械和传递物件，不准边工作边维修、保养。

5. 作业时，不要随便调节发动机、调速器以及液压系统、电器系统。

6. 作业时，要注意选择和创造合理的工作面，严禁掏洞挖掘。

7. 禁止用铲斗击碎坚固物体，也不准以回转机械方式使铲斗破碎坚固物体。

8. 禁止将挖掘机布置在上、下两个采掘段面内同时作业；在工作面内移动时，应先平整地面并排除通道内的障碍物；如在松软地面移动时，须在行走装置下垫方木。

9. 作业时，如石块较大且坚硬时，应先将其清除再继续作业；禁止挖掘未经爆破的5级以上的岩石。

10. 禁止将铲斗杆或铲斗油缸全伸出顶起挖掘机。铲斗没有离开地面时，挖掘机不能做横向行驶或回转运动。

11. 禁止在电线等低空架设物下作业，不准满载铲斗长时间滞留在空中。

12. 禁止用挖掘机动臂拖拉位于侧面的重物；禁止液压挖掘机工作装置用突然下落冲击的方式进行挖掘。

13. 回转平台上部在做回转运动时，回转手柄不能做相反方向的操作。

14. 操作人员必须随时注意机械各部件的运转情况，发现异常应立即停机，及时检修。

15. 正铲装置处于履带行走装置对角线位置(45°左右)时，不得在停机面以下作业。

16. 上下斜坡时，应选择斜坡度较缓地段，直接向上或向下行驶，铲斗重心应尽可能放低，不得在横向倾斜的状态上下坡，以防挖掘机倾翻。

17. 液压挖掘机正常工作时，液压油油温应在50～80 ℃之间。机械使用前，液压油油温低于20 ℃时，要进行预热运转；油温达到或超过80 ℃，应停机散热。

三、作业后的要求

1. 挖掘机行走时，遇电线、交叉道、管道和桥梁时，须有专人指挥，挖掘机与高压电线的距离不得少于5米；应尽可能避免倒退行走。

2. 行走时大臂应和履带平行，回转台应止住，铲斗离地面1米左右；下坡应采用低速行驶，禁止变速和滑行。

3. 挖掘机停放位置和行走路线应与路面、沟渠、基坑等保持足够的安全距离，以免滑翻。

4. 挖掘机需在斜坡上停车时，铲斗必须降落到地面，所有操纵杆置于中位，停机制动，且应在履带或轮胎后部垫置楔块。

5. 作业结束后，应将机身转正，将铲斗放落到地面，并将所有操纵杆放在空挡位置，各部位制动器制动，关好机械门窗后，操作手方可离开。

第五节 推土机安全操作技术

推土机是土方工程中常见的一种设备,其特点是所需作业面小,机动灵活,转移方便,短距离运土效率高,干湿地都可以独立工作,也可以配合其他机械施工,主要用于填筑路堤、开挖路堑、平整场地、管道和沟渠的回填土方以及其他辅助作业,在土方施工中得到广泛运用。

一、作业前的准备

1. 了解作业区的地势和土壤的种类,测定危险点及选定最佳作业方法。

2. 如果作业区有巨块石头或大坑穴时,应预先清除或填平。

3. 启动前,应将所有的控制杆置于“中间”或固定位置。

4. 履带推土机履带松紧要适度,且左右均匀。轮胎推土机轮胎气压必须符合要求,且各轮胎的气压应保持一致。

5. 检查燃油、润滑油和冷却水及其系统,其质和量都必须符合要求,其系统不得有泄漏。

6. 进行保养和加油时,发动机必须关闭。推土机铲刀及松土器必须放下。制动锁杆要在“锁住”位置。

7. 检查电器系统、操作系统及工作装置,各部分必须处于良好的工作状态,必要时进行调整;并检查各仪表是否正常。

8. 发动机传动部分带有胶带连接的推土机,不得用其他机械推拉启动,以免损坏锁轴。液力传动的推土机不得推拉启动。

二、作业与行驶的要求

1. 除驾驶室外,机上其他地方禁止乘人;行驶中任何人不得上下推土机。

2. 行驶时,铲刀应离地面 40～50 cm。

3. 严禁在运行中、在斜坡上进行紧固、保养润滑和修理推土机。

4. 上下斜坡时,先选择最合适的斜坡运行速度,在斜坡上不得改变速度,应直接向上或向下行驶,不得横向或对角线行驶。下坡时,禁止空挡滑行或高速行驶;下坡时应放下推土铲刀与地面接触倒退下坡;避免在斜坡上转弯掉头。轮胎推土机不能在坡度较大的斜坡上作业。

5. 在坡地工作时,若发动机熄火,应立即将发动机制动,用三角木等将推土机履带揳紧后,将离合器杆置于脱开位置,变速杆置于空挡位置,方能启动发动机,以防推土机溜坡。

6. 工作中驾驶员需要离开机器时,必须将操纵杆置于空挡位置,将推土机铲刀放下并将机器制动和关闭发动机后方可离开。

7. 在危险或视线受限的地方,一定要下机检视,确认能安全作业后方能继续工作，严禁推土机在斜坡的状态下爬过障碍物，爬过障碍物时不得脱开任何一个离合器。

8. 避免突然启动、加速或停止；避免高速行驶或急转弯。

9. 填沟或回填土时，禁止推土机铲刀超出沟槽边缘，可用一铲顶一铲的推土方法填土，并换好倒车挡位后，才能提升推土铲进行倒车；在深沟、陡坡的施工现场作业时，应由专人指挥，以确保安全。

10. 联合作业时，前后距离应大于 8 m；左右距离应大于 1.5 m；若工程需要并铲作业时，必须用机械性能良好、机型相同的推土机，驾驶员必须技术熟练，夜晚和雾天作业必须打开车灯。

11. 在垂直边坡的沟槽作业时，对于大型推土机，沟槽深度不得超过 2 m，小型推土机沟槽深度不得大于 1.5 m。若超出上述规定时，必须按规定放安全装置或采取其他安全措施后，方可进行施工。

12. 轮胎推土机用于除冰、除雪作业时，轮胎要加防滑链。用于清除石料作业时，要加带轮胎保护链。

13. 清除高过机体的建筑物、树木和电线杆时，应根据电线杆的结构、埋入深度和土质情况，使其周围保持一定的安全土堆；电压超过 380 V 的高压线，其保留土堆大小应征得电力部门专业人士的同意。

14. 在爆破现场作业时，爆破前，必须将推土机开到安全的地带。进入现场，操作人员必须了解现场有无瞎炮等情况；确认安全后，方可将推土机开入现场。若发现有不安全之处，必须待处理后再继续施工。

15. 若必须在推土铲下作业，则首先应将推土铲升到所需位置，先锁好分配器，锁住安全锁，并用垫块将推土机垫牢固后，方可进行作业。

16. 履带推土机不得长距离转移。长距离转移时，必须用平板车装运；装运时变速杆应处于空挡位置，制动杆、安全锁杆必须置于“锁住”位置，并用垫木将履带揳紧，用强度足够的铁丝将机体固定。因特殊需要做长距离行驶时，应采取防护措施，行走装置应注意加注润滑油。

17. 履带推土机不准在沥青路面上行驶。必须通过时，应铺设道木，垂直通过，禁止转向。通过交叉口时，应注意来往行人和车辆，保持安全通过。

18. 倒车时，应注意块石或其他障碍物，防止损坏油底壳。

三、作业后的要求

1. 推土机应停放在平坦、坚实安全、不妨碍交通的地方，冬季应选择背风向阳的地方，将发动机朝阳，铲刀放下着地。

2. 熄火前应将发动机怠速运转 5 min，把变速杆置于空挡位置，把制动杆、安全锁杆置于“锁住”位置。

3. 按规定对推土机进行保养并加满燃油。

第六节　压路机安全操作技术

压路机是用来压实路基、路面、广场和其他各类工程的地基，将压实材料进行压实，以提高材料的密实度、降低其水透性的一种机械设备。压路机可分为静压和振动压路机，也可分为光轮和胶轮压路机等。

一、作业前的准备

1. 检查各工作机构及各紧固部件是否完好。

2. 启动发动机经试运转确认正常，且制动、转向等工作机构性能完好、压路机方可进行作业。

3. 轮胎压路机需将轮胎气压调整到规定的作业压力范围，全机各个轮胎气压应一致。

4. 用增加或减少配重的方法，将压路机的作业线压力调整到规定数值。

5. 对松动的路基及傍山路段的初压，作业前须勘察施工现场，确认安全后压路机方可驶入作业。

二、作业与行驶的要求

1. 作业时，操作人员应始终注意压路机的行驶方向，并遵照施工人员规定的压实工艺进行碾压。

2. 作业时，操作人员应注意各仪表读数，发现异常，必须查明原因并及时排除。严禁带病作业。

3. 作业时，应将振动压路机的振幅及频率控制在规定的范围内。

4. 振动压路机在改变行驶方向、减速或停驶前应先停止振动。

5. 多台压路机联合作业时，应保持规定的队形及间隔距离，并应建立相应的联络信号。

6. 必须在规定的碾压段外转向，应平稳地改变运行方向，不允许压路机在惯性滚动的状态下变换方向。

7. 必须遵照规定的碾压速度进行碾压作业，在碾压过程中，不得随意变更碾压速度及方向，不得中途停机。

8. 三轮压路机在正常情况下禁止使用差速锁止装置，特别在转弯时严禁使用。

9. 压路机在坡道上行驶时严禁换挡，禁止脱挡滑行。

10. 严禁用牵引法拖动压路机，不允许用压路机牵引其他机具。

11. 不允许压路机长距离自行转移。

三、作业后的要求

1. 作业后，压路机应停放在安全、平坦、坚实的场地上。

2. 每班作业后，应清洗全机污物，沥青路面作业后，应用柴油擦洗碾压轮表面。

3. 按规定进行例行保养作业。

第七节　拖拉机安全操作技术

拖拉机是一种既可以行走作业，又能固定作业的农业必备机械；用它牵引和悬挂各种非自走型作业机，既可完成整地、播种、田间管理及收获等项作业，还可以完成农田基本建设和农业运输作业；作为固定动力，又可驱动排灌、农畜产品加工和发电等机械；除用于农业外，还可用于工程建设。拖拉机与厂内机械既相关又有区别，它可以在一般道路上行驶，而一般厂内车辆是不允许的。拖拉机可分为方向盘式和手扶式拖拉机，也可分为轮式和履带式拖拉机。

一、作业前的准备

1. 作业前应该检查发动机的机油，看其质和量是否满足要求。

2. 检查发动机的冷却水是否足够。

3. 检查车辆方向和制动装置是否有效可靠。

4. 检查工作装置是否连接牢固，工作装置部件是否完整有效。

5. 冬季低温冷车启动或蓄电池电力不足时，应用手摇柄启动，不可勉强连续使用启动机。

二、作业与行驶的要求

1. 拖拉机在公路上行驶应该严格遵守交通规则，不抢道，不占道，不超载、不超速行驶，要礼让三先。

2. 在公路上运输笨、大、泡、松货物时，必须摆放平衡，绑扎牢固。

3. 手扶式拖拉机的转向与别的车辆不一样，它通过制动一边的转向轮来实现转向，因此在制动时应该平缓的制动，严禁突然制动来转向。

4. 严禁在山区及陡坡地带熄火滑行。

5. 倒车变换方向，应先观察四周障碍物方能倒车，而且应慢行车，快转向，正确判断，平衡操作。

6. 在坡道上如必须停车，则应该用石头或木楔将轮子垫实，并在附近设立相应的标志。

7. 驾驶室内应按规定人数乘坐，其他地方严禁载人。

三、作业后的要求

1. 应将拖拉机停放在结实、平坦、没有塌方、不会积水的地方，并用石头或木楔垫实。

2. 将工作装置清理干净并卸下放好，将机头用雨布盖好方可离开。

第八节　平地机安全操作技术

平地机是一种连续作业式工程机械,能够将铲土、运土、卸土同时进行;其主要用途有:从线路两侧取土;填筑不高于 1 米的路提,修整路提的横断面、旁刷边坡;开挖路槽和边沟,以及大面积的场地平整等。

一、作业前的准备

1. 详细了解使用内容和施工技术要求,并详细检查作业区内各种桩号的所在位置。

2. 检查平地机四周有无障碍物及其他危险因素并让无关人员离开作业区。

3. 检查各连接部位的紧固情况,应特别注意车轮轮毂、传动轴等处的连接螺栓有无松动。

4. 操作手柄,变速器操纵杆必须置于空挡位置,其他各手柄均置于中间位置。

5. 检查转向装置和制动装置是否灵活可靠。

6. 检查各仪表、灯光、喇叭等信号装置是否正常。

7. 检查液压系统有无渗漏。

8. 将刮刀、齿耙等作业装置,置于运输状态,并检查其是否完好。

9. 铰接式平地机检查其铰接转向装置是否完好,并在行驶前,将前、后轮调整在一条直线上。

10. 检查轮胎的完好情况,轮胎气压是否符合规定标准。

二、作业与行驶的要求

1. 平地机发动后,先挂低速挡小油门缓驶,待确认各部分一切正常后方可加挡行驶。

2. 行驶在平坦道路上可用高速挡,行驶条件较差的道路或坡道时用低速挡,作业时均采用低速挡。

3. 平地机在掉头转弯时,应用低速挡。

4. 平地机在低速行驶或改变行驶方向时,一般应停车换挡,高速行驶可在行进中换挡。

5. 下坡时必须挂挡,禁止空挡滑行。

6. 行驶时,必须将刮刀及齿耙升到最高处,并将刮刀斜置,刮刀两端不得超出后轮外侧。

7. 行驶时一般只用前轮转向,在场地特别狭窄的地方可同时采用后轮转向,但小于平地机最小转弯半径的地段,不得勉强转弯。

8. 制动时要先踏下离合器踏板,在变速器处于刚性闭锁状态时,不能用制动器。

9. 不论行驶或作业，都应随时注意各仪表的读数是否正常，变矩器油温超过120 ℃时应及时停车，待油温下降后再继续运行。

10. 以推土作业为主时，应用较小的铲土角(40°)；以摊铺及平整作业为主时应用较大的铲土角(60°)。

11. 刮刀引出杆可以将刮刀引出，对机器侧边较远的地方加以平整。

12. 在曲折的工作线上，可以利用全轮转向，机动灵活地进行作业。

13. 将刮刀斜置，用刮刀前端着地即可进行挖沟作业。

14. 修边坡时，应根据边坡坡度调整刮刀的倾斜度。

15. 用齿耙进行破碎旧路基、摊铺石子等作业，遇到较大阻力时，可以减少齿数。

三、作业后的要求

1. 应将平地机停放在平坦安全的地方，不得停放在坑洼有水的地方或斜坡上。

2. 停放时应将所有作业装置落地或刚性固定。

3. 停机后，如需升起作业装置进行保养作业，该装置必须被牢固固定。

4. 停机后，必须将铰接式平地机的铰接转向机构锁定。

5. 每天完成作业后，清除附留在机身上的泥土、杂物，并进行例行保养工作。

第九节　电瓶车安全操作技术

一、作业前的准备

1. 蓄电池电液应注足，各电极接头连接处应清洁，电液比重应符合规定。

2. 电气开关和快慢挡开关应保持清洁，动作灵活。

3. 各电线接头螺钉等应连接紧固。

4. 转向操纵杆或方向盘及脚、手制动应灵敏有效。

5. 各轴承及转动连接部分应润滑良好。

6. 各照明灯、制动、转向灯应正常发光，喇叭响声正常。

7. 拖挂的拖车制动器应良好，挂钩连接应牢固，车轮转向灵活。

8. 须检查司机、搬运工人在工作时所穿服装是否扎紧、扣上，以免作业时发生危险。

二、作业与行驶的要求

1. 行车前，司机必须检查车辆周围及货物装载情况。启动时应执行呼唤应答制，经押运员回答后才准按喇叭开车。

2. 启动时用最低挡，变速时应按次序换挡，每次换挡应稍停，禁止跳挡变速。

3. 车辆行驶，应预留车辆通道以防碰撞货物。

4. 在行驶时,应注意眺望。遇行人众多时,应降低车速,先按喇叭。在货场上应选择平坦的路面通行。

5. 转弯时要降低速度。拖挂拖车时,应注意防止碰撞建筑物或货物。

6. 在公路上行驶,应严格遵守交通规则。

7. 车辆行驶时,二车相遇在 50 m 距离时应降低车速,并用按喇叭或灯光以引起对方注意;同方向行驶的车辆,前后两车车距不得少于 10 m。

8. 车辆会车时,应按空车让重车、支线车让干线车、室内车让室外车、里挡车让外挡车、小转弯让大转弯车的原则,相互让路,保证安全。

9. 夜间行驶车辆前面应有灯光显示。

10. 在搬运车驶近仓库、车间、停车场或转弯处时应注意来往行人和车辆,随时准备停车。

11. 行驶时应节约用电。在安全的基础上,尽量使用高速挡和适当利用滑行。

12. 在行驶中应随时注意车辆有无异声、异味和电力是否充足,发现异常应停车检查。

13. 行驶时,除经有关管理部门批准的押运人员外禁止其他人员乘坐。押运人员禁止在车辆行驶过程中跳车。

14. 行驶中需要倒退时,须等车辆停稳后再转倒挡。

15. 电瓶车装载货物的高度不得超过 1.7 m(从载货平台算起),两侧不得超过车体宽度各 200 mm。

16. 电瓶车载重量及牵引力不得超过规定值。在直线牵引时,一次牵引拖车不得超过 6 辆空车或 3 辆重车。

17. 在用起重机装卸货物时,车辆不得在吊有货物的吊钩下行驶。装货时应在所吊货物离地 1 m 左右时,将车驶入,轻放轻卸。

18. 装载货物必须轻重配装适当、绳索捆绑牢固,并要轻装轻卸。

19. 易碎品、流质品与包裹不得混装,以免污损,并禁止装载危险品。

20. 在库房、车间转角等处行驶时,应根据通道的通过性,适当减少牵引拖车数量。

三、作业后的要求

1. 车辆禁止停放在坡道上。在停放时应将车辆排列整齐。车轮制动,防止发生窜溜。

2. 停放的车辆应取下电锁钥匙或开关把手,手制动应拉紧。

3. 车辆应停放在固定的车库,尽量避免露天停放。

第十节　拌和机安全操作技术

拌和机是一种直接在施工现场拌和多种材料的专用设备，它在道路、港口码头、停车场、广场、飞机场、基础建筑等工程中得到广泛的运用。

一、作业前的准备

1. 详细了解施工路段的拌和深度、宽度、添加剂量以及其他有关施工技术要求。

2. 履带式拌和机按履带式机械的规定进行常规检查准备，轮胎式拌和机检查轮胎是否完好，气压是否符合规定要求。

3. 检查拌和机的连接部位有无松动情况。

4. 启动发动机，使转子空转进行动态观察。

5. 根据不同的拌和材料，选装合适的拌和齿，更换拌和齿时，应将转子升到一定高度，并用方木垫实，转子插上保险销后，方可进行作业。

二、作业与行驶的要求

（一）履带式机型的操作

1. 拌和机作业时，先将转子提起，离开地面空转，再慢慢下降至拌和深度进行拌和作业。

2. 在拌和过程中，不能急转弯或原地转向，遇到底层有障碍物时，应及时提出转子，并进行检查和处理。

3. 严禁使用倒挡进行拌和作业。

4. 稳定土拌和机在行驶和作业过程中，必须保持匀速，作业速度应采用低速。

5. 机上各种安全阀不得随意调节，如损坏失灵则应进行更换。

6. 作业时注意液压油的温度，不得高于本机规定的正常数值。

7. 作业时只能用单履带调整方向。

（二）轮胎式机型的操作

1. 操作发动机的要求。

（1）发动机经过大修或长期存放，初次启动前，必须按照随机携带的发动机操作手册的规定，进行额外保养。

（2）若环境温度低于 4～5 ℃时，则必须向发动机进气口处喷入乙醚，但每次乙醚的加入量不得超过 15 g。

（3）发动机启动时，用手按住启动机按钮，待启动后再松开，如在 30 s 内启动 4 次，仍不能启动，则应检查发动机紧急停车开关是否回位或其他原因。

（4）发动机启动后，应立即检查机油压力，如 15 s 内油压表不显示压力，则应立即停机，查明原因。

(5) 发动机启动后,让小油门空转,直到机器已充分受热,同时检查其空车怠速运转情况。

(6) 真空表如超过刻度 10′则禁止拨动转子控制杆,应立即更换液压滤芯,使真空度下降。

(7) 只有当机器与液压油已受热,并上升到规定位置时,发动机的油门才可开大。

2. 拌和作业时,必须用低速挡,发动机油门调到最大,将转子转速控制杆推到底。

3. 拌和作业时,先将转子放到地面,观察深度指示板,当指针指向“0”时,慢慢推动转子控制杆,使转子达到最大速度和规定深度。

4. 行走时,应提起转子,其离地距离最小需保持 10 cm 的高度,如做较长距离的行走,则应再高些。

5. 前进时,不准将控制杆由前进方向直接拉向倒退方向,而应先将控制杆拉回中间液力制动位置,停车后再拉向倒车方向,反之亦如此。

6. 严禁使用倒挡进行任何作业。

三、作业后的要求

1. 将机械停放在指定地点,停机点要求平坦安全、不妨碍交通。

2. 停车时应拉上手制动,并将转子置于地面上,但不得有任何向下的作用力加到转子上。

3. 做好清洁和例行保养工作。

第十一节 摊铺机安全操作技术

摊铺机是靠刮板输送器和螺旋摊铺器,将拌制好的混合料按一定厚度和宽度以及横截面形状的要求,均匀地摊铺在基层上,并进行摊平和初步捣实的专用机械设备。

一、作业前的准备

1. 了解有关施工技术、质量要求,并根据要求安装、调整摊铺机的工作装置。

2. 发动机应工作均衡,运转平稳,动力性能良好,调速器动作准确。

3. 离合器、传动链条、三角皮带等调整适当。

4. 刮板输送器、料斗闸门、螺旋摊铺器处于良好工作状态。

5. 履带松紧适度,轮胎气压正常,且左右均匀。

6. 夯板、振捣器安装正确,加热器工作良好。

7. 自动找平装置安装正确,纵向、横向控制器工作正常。

8. 传动系统工作正常,无冲击、振动、异响等异常现象。

9. 电器系统工作正常。

10. 操纵系统灵活可靠。

11. 将各操纵杆、主传动开关置于中间位置，液压系统各调节阀门调到零位，各电器开关处于断开位置，液压传动系统处于不供油状态。

12. 摊铺机上的所有安全防护设施须配备齐全，熨平板接长后，应有相应的安全防护措施，脚踏板宽度须与摊铺宽度相等。

13. 驾驶台和熨平板脚踏板应保持整洁，无油污及拌和料，不得堆放杂物，工具。

14. 驾驶台和作业现场要视野开阔，应清除有碍工作的一切设施。

15. 作业前，应用喷油器向摊铺机料斗、推滚、刮板输送器、螺旋摊铺器、行走传动链以及熨平板喷洒柴油。

16. 按照作业要求，合理选择摊铺机工作速度、螺旋摊铺器转速、料斗闸门开度等参数。

二、作业与行驶的要求

1. 按发动机说明书规定启动和停止启动机。

2. 换挡必须在摊铺机完全停止时进行，严禁强力挂挡。

3. 摊铺机接受运料车卸料时，应使摊铺机推滚贴紧运料车轮胎，顶推自卸车前进卸料。两者协调动作，同步行进，须防止运料车冲撞摊铺机。

4. 作业时严格控制各机构协调工作，并进行必要的修正，作业速度一经选定，要保持稳定，并尽可能减少停车启动次数，以保持摊铺机连续均衡作业。

5. 严禁驾驶员在摊铺机工作时离开驾驶台，无关人员不得在作业中上下摊铺机或在驾驶台上停留。

6. 轮式摊铺机的差速装置，应在地面附着力不足时使用，结合或断开差速装置时须停机；要结合差速装置时，只允许直行，不得转向。

7. 禁止在坡道上换挡或以空挡滑行。

8. 熨平板的预热和保温。

(1) 作业前 20～40 min，应对熨平板进行预热，使其接近混合料的温度。

(2) 因故暂停作业时，须使用预热系统进行保温，防止熨平板冷却。

(3) 用电预热时，应先启动发动机并额定转速，然后接通预热开关进行预热。

(4) 用燃烧轻油或燃气进行预热熨平板时，应注意控制热量，防止局部过热而使熨平板变形。加热时，应采用间歇燃烧多次加热操作法，使其靠自身热传导均匀预热；有热风循环系统的，可采用点火燃烧和熄火热风循环交替进行加热，无论采用何种方式，每次点燃时间均不得大于 10 min。

(5) 使用压缩空气压力喷射燃油的燃烧系统，其压力必须达到规定值，必须在燃烧器点燃后，才允许启动鼓风机，并调节风门，使之完全燃烧。

(6) 对没有多点燃烧加热装置的,应逐个分别点燃。

(7) 预热时,要加强对燃烧情况的观察,若火焰熄灭,应立即关闭燃油或燃气开关,找出原因,排除故障,并清除溢出的燃油或待燃气排尽后重新点燃。

(8) 严禁在加热过程中,熨平板处于无人看管状态和向摊铺机各部喷油清洗。

9. 自动找平装置的使用。

(1) 在已压实的底基层上摊铺时,其不平度应不大于 5 mm,不平度波长小于所选用拖梁长度,可采用拖式浮动梁作基准。

(2) 用摊铺层邻近的车道、路缘石、边沟和新摊铺层等构筑物作基准时,传感器必须使用滑橇作为跟踪件;采用拖式平均梁时,不允许用未经压实的摊铺层作基准。用作基准的车道或摊铺层,其横坡值必须与新摊铺层的横坡值相等。

(3) 当自动找平装置控制系统使用高度控制装置和横坡控制装置联合工作时,在摊铺层的一侧(一般在左侧设张紧线)作基准。如一次摊铺宽度大于 6 m,则应采用双侧高度控制装置工作。

(4) 停止作业时,应先断开找平系统开关,使调整油缸处在静止位置。

(5) 自动找平装置各元件应小心使用,须防止碰撞和雨水尘土的损害。

10. 振捣器频率应由低到高逐步增加,摊铺面层时,每前进 5 mm,捣固应不小于 1 次,并随时检测摊铺层的密实度。

11. 在弯道区段作业,要及时操纵找平装置,控制摊铺层的厚度增量。

(1) 使用高度传感器和横坡传感器配合的自动找平系统工作时,要设专人掌握横坡给定器,连续而平稳地转动横坡给定器上的调节旋钮。

(2) 操作人员应注意纵向走向,操作力求平稳,避免急剧转向(履带式摊铺机尤应注意)。

(3) 弯道作业时,熨平装置的端头与路缘石的间距不得小于 10 cm,以免转向时发生碰撞。

12. 摊铺机的坡道作业。

(1) 摊铺机在较大的坡道(纵横坡度为 15%～20%)上工作时,要采取特殊安全措施,确保正常工作,防止事故发生。

(2) 在大坡道上作业时,减少料斗中混合料量,按额定摊铺能力的 60%进行作业,同时控制行驶速度和转向半径。

(3) 在横坡道上摊铺时,由于混合料自动流向下坡一侧,应将下坡侧熨平板接长,为防止混合料自动流向下坡一侧,可在左右两侧使用相同方向的螺旋叶片。

(4) 为防止摊铺机倾翻,必要时可使用一台重型拖拉机或推土机用钢丝与摊铺机连接,在坡顶与摊铺机平行等速行驶。

(5) 在正常纵坡上作业时,应由低处向高处摊铺。如必须下坡作业时,要与汽车驾驶人员紧密配合,力求速度稳定。

13. 作业中的检查与调整。

(1) 在摊铺过程中,要经常对摊铺机的行驶速度、供料能力、闸门开度、螺旋摊铺器的匹配情况进行检查。

(2) 检查摊铺层的平整度、厚度是否符合设计要求。

14. 履带式摊铺机不得长距离行驶,因特殊需要做长距离行驶时,行走装置应注意加油,熨平板等需要特别防护措施。

15. 行驶时熨平板应恢复标准宽度,并升起用挂钩挂牢。

16. 摊铺机用其他车辆牵引时,只允许用刚性拖杆,不得使用钢丝绳,其变速手柄应置于空挡,并解除自动装置的工作。

17. 禁止用摊铺机牵引其他机械。

三、作业后的要求

1. 对摊铺机的各工作装置、运行机构进行清洁工作,清除残留沥青,使之运转自如,转动灵活。

2. 擦拭液压控制熨平板的导向柱表面和油缸活塞杆表面。

3. 清洁并检查高度传感器支座各部元件,并对转动零件加注机油润滑。

4. 清洁工作应在作业场地以外进行,用柴油清洁时禁止明火接近。

5. 驾驶员在离开驾驶台前,要将摊铺机停稳,停车制动必须可靠,料斗两侧壁完全放下,熨平板放到地面或用挂钩挂牢。

6. 摊铺机停放在交通车道附近时,须在周围设置明显的安全标志,夜间设灯光信号并设专人守护。

7. 施工全部结束时,应对摊铺机进行必要的清洁和保养。

第六章　车辆维护与故障排除

第一节　机动车维护保养常识

在机动车辆使用的过程中,按时、按部位地进行检查、清洗,润滑、紧固、调整及简单的修理等工作称为机动车辆的技术保养。进行技术保养的目的在于延长零部件正常磨损时间,延长整机的大修间隔时间,保持车辆良好的技术状态,预防零部件事故性的损坏,防止车辆故障或事故的发生。

一、维护保养的分级

由于机动车辆各总成的结构、负荷、材料强度、工作条件和使用情况的不同,磨损、损坏的程度与技术状况的变化以及需要保养的时间也不同,只有用合理的计量来正确反映车辆保养周期,才不至于保养次数过多或过少,造成浪费或事故性的损坏。

目前常用的保养周期的计量方法有:(1) 按作业小时数计量;(2) 按行驶里程数计量。

由于机动车辆种类繁多,工作环境及作业方式又各不相同,导致了磨损程度和技术状况的变化不一,故各种车辆的保养周期不尽相同,很多厂家都在各自车辆的使用说明书中有相应的说明。一般而言,汽车保养周期见表 6 - 1;叉车保养周期见表 6 - 2;电瓶车、拖拉机工程车辆保养周期见表 6 - 3;压路机、装载机等工程机械保养周期见表 6 - 4。

表 6 - 1　汽车保养周期

例行保养	保养间隔里程/km	
	一级保养	二级保养
每日出车前后和行驶途中	5 000	15 000～20 000

表 6 - 2　叉车保养周期

例行保养	保养间隔工作时间/h	
	一级保养	二级保养
每日保养	250	1 000

表 6-3　工程机械保养周期(一)

例行保养	保养间隔工作时间/h		
	一级保养	二级保养	三级保养
8～12 h	200～300	900～1 200	1 900～2 200

表 6-4　工程机械保养周期(二)

保养间隔工作时间/h					
每日保养	每周保养	每月保养	每季保养	每半年保养	每年保养
约 10	约 50	约 200	约 600	约 1 200	约 2 400

二、例行保养

机动车的例行保养(以下简称例保),就是指驾驶员每天出车前、行驶中、收车后对车辆的检查、清洁、紧固和加添作业。

例保是各级保养的基础,直接关系到行车安全、节约燃料、机件的使用寿命及驾驶作业任务的完成。

例保制度的内容如下:

1. 出车前的检查

(1) 检查水箱的水量、曲轴箱内的机油量、燃油箱的贮油量,不足及时添加。

(2) 检查喇叭、灯光、雨刷器、反光镜、牌照是否齐全有效。

(3) 检查各紧固螺栓和螺母(轮胎、车轴、传动轴、钢板弹簧等处),是否有松脱现象。

(4) 检查轮胎气压是否符合规定。

(5) 发动机启动后,检查有无异常响声,观察各种仪表工作是否正常,有关部位是否漏油、漏水、漏气。

(6) 起步后,试验制动效能及方向是否灵活有效。

2.行驶中的检查

(1) 行驶中检视各种仪表是否工作正常。

(2) 检查转向泵各机件是否松旷。

(3) 检查手、脚制动器是否灵敏有效。

(4) 听查发动机、底盘的运行中有无异常响声或异常气味。

(5) 利用停车时间检查下列项目:

① 用手摸前后轮胎制动鼓有无过热现象;② 检查轮胎螺母紧固情况及轮胎气压;③ 检查有无三漏现象(油、气、水);④ 检查钢板弹簧是否有折断,传动轴的连接螺栓是否松动;⑤ 检查所载货物的捆绑情况和牵引装置的连接情况。

3. 收车后的检查

(1) 测量和补充燃料油、润滑油。

(2) 熄火后察看电流表有无漏电。

(3) 根据气温的变化,增添或放净冷却系中的冷却水。

(4) 检查钢板弹簧有无断裂,弹簧吊车、骑马螺栓是否松脱。

(5) 检查车辆及轮胎螺母,查看钢圈有无损裂。

(6) 检查轮胎有无伤裂和气压不足。

(7) 检查传动系各机件是否松旷。

(8) 检查制动器油、气管及接头处有无渗漏。放净气压制动贮气筒内的积水。

(9) 检查各部分有无漏油、漏水现象。

(10) 检查水箱支架是否松旷。

(11) 检查转向机自由转动量及转向臂、横直拉杆球螺母是否松旷。

(12) 转动机油粗滤清器手柄 2～3 转。

(13) 带挂车的要检查挂车三脚架、拖环有无弯曲或伤裂。

(14) 清洁汽车内、外表面。

例保工作必须由驾驶员自己去完成,只有这样才能使驾驶员掌握所驾驶车辆的技术状况,及时地进行维修保养,保证安全行车。

三、一级保养

一级保养以润滑、紧固为中心。其主要作业内容为:检查、紧固车辆外露部位松动的螺栓、螺母,按规定的润滑部位加注润滑脂,检查各总成内润滑油平面,补足润滑油,清洗各空气滤清器。

1. 清洁作业

(1) 清洗车身及底盘并擦拭发动机和底盘的有关部分。

(2) 清除点火系各部件的积炭和积垢,检查并调整电极间隙和触点间隙。

(3) 检查和清洗化油器、汽油泵、喷油泵、喷油器、燃油滤清器、空气滤清器,清洗机油粗、细滤清器,放出积垢,排除油箱内的沉积物和贮气筒内的油、水及污物。

2. 润滑作业

(1) 检查并视需要向发动机、变速器、主减速器、转向器中加注润滑油。

(2) 车辆各部油嘴配备齐全有效,按规定添加润滑油。

(3) 润滑油泵、分电器、传动轴、转向拉杆球头销、离合器踏板轴等活动部位。

3. 检查紧固作业

(1) 检查和紧固发动机固定螺栓,检查车架、车身内外各连接螺栓及各铆钉的紧固情况。

(2) 检查离合器踏板和制动踏板的自由行程及方向盘的自由量,视需要予以调整。

(3) 检查散热器、水泵及水管是否渗漏。

(4) 检查制动阀、总泵、制动管道气室分泵等的连接、固定和密封情况。

(5) 检查轮胎外表及气压情况,视需要进行充气。

(6) 检查发动机转动情况并听查有无异响。

4. 电气作业

(1) 清除发电机、启动机的污垢和尘埃。

(2) 检查喇叭、灯光、信号设备和电气仪表的工作情况。

(3) 检查蓄电池电解液液面高度,视需要添加蒸馏水,疏通电瓶小盖上的通气孔。

四、二级保养

二级保养以检查、调整为中心。其主要作业内容除执行一级保养的各项作业外,还有:检查、调整发动机电气设备的工作情况,清洗机油盘及滤清器,清洗燃油滤清器,检查调整转向系和制动机构,拆洗并检查前、后轮毂轴承,添加润滑脂,拆检轮胎并进行换位。

五、三级保养

三级保养重点是检查、调整、消除隐患,平衡各部件之间的磨损程度。三级保养除了要完成二级保养的全部内容外,还要对主要部件进行解体检查,发现隐患及时排除。但是,三级保养只按保养范围要求打开有关总成的箱盖,检查其内部零件的紧固、磨损及有关间隙情况,以发现和清除隐患为目的,并不像大修或中修那样大幅度拆换和修理。

三级保养要求进厂由专职的保修人员负责进行。同二级保养一样,本机的操作人员也必须随机进厂配合保养,以便了解和提供有关情况。

六、走合期保养

新机械出厂后,机构中的各相对运动表面配合间隙以及粗糙度等,虽然符合图纸设计要求,但实际上各类表面都存在不同程度的加工痕迹,因此必须经过走合期的磨合。如不经磨合而强行使新车投入满载、高速使用,就不能建立很好的润滑条件,使配合运动的机件表面直接摩擦而引起早期磨损,会大大缩短新车使用寿命。下面以 CLG852 装载机为例子详细说明。

1. 新车走合要求

(1) 新车走合期为 60 h。

(2) 开机后空转 5 min。

(3) 走合期间,前进Ⅰ、Ⅱ挡、后退挡,每种挡位应均匀安排走合。

(4) 车辆应以平稳低速小油门起步,然后逐步提高速度。除紧急情况外,应避免突然启动、突然加速、突然转向和突然制动。

(5) 走合期间以装载松散物料为宜,作业不得过猛过急。在走合期内,装载重量不得超过额定载重的70%,行驶速度不得超过额定最高车速的70%。

(6) 注意机器的润滑情况,按规定的时间周期更换或添加润滑油和润滑脂。

(7) 必须经常注意变速箱、变矩器、前后桥、轮毂、停车制动器、中间支承轴以及液压油、发动机冷却液、发动机机油的温度,如有过热现象,应找出原因进行排除。

(8) 检查各部件螺栓、螺母的紧固情况。

2. 新车走合8 h后进行下列工作

(1) 全面检查各部件螺栓、螺母的紧固情况。特别是柴油机气缸盖螺栓、排气管螺栓以及前后桥固定螺栓、轮辋螺母、传动轴连接螺栓、柴油机固定螺栓、变速箱固定螺栓、前后车架铰接处螺栓等,均应检查一次。

(2) 检查风扇皮带、发电机皮带、空调压缩机皮带的松紧程度。

(3) 检查变速箱油位、驱动桥油位和柴油机油位。

(4) 检查液压系统、制动系统密封性。

(5) 检查各操纵拉杆、油门拉杆的连接固定。

(6) 检查电器系统各部件温度及连接情况、发电机供电状态、灯光照明及转向信号灯等的工作情况。

3. 新车走合期满后进行下列工作

(1) 全面检查各部件螺栓、螺母紧固情况。特别是柴油机气缸盖螺栓、排气管螺栓以及前后桥固定螺栓、轮辋螺母、传动轴连接螺栓、柴油机固定螺栓、变速箱固定螺栓、前后车架铰接处螺栓等,均应检查一次。

(2) 检查风扇皮带、发电机皮带、空调压缩机皮带的松紧程度。

(3) 检查液压系统、制动系统密封性。

(4) 更换变速箱传动油、驱动桥润滑油。

(5) 更换变速箱滤油器、柴油机机油滤清器、柴油滤清器的滤芯。

(6) 清洗液压油箱的回油滤芯。

4. 大修后的车辆

大修后的车辆可以参照以上全部内容进行。

七、换季保养

为了保证车辆在冬、夏季的正常运行、正常使用,必须采取相应的维护保养措施,以适应气候的变化。

在季节转换之际,应结合二级保养作业,并附加一些相应的项目,此种保养称为换季保养,其附加项目如下:

1. 检查保温装置,修整百叶窗。

2. 检查冷却系,清除水套、散热器内的水垢,检查节温器性能和放水开关等。

3. 调整油、电路和歧气管预热装置。

4. 按规定调整蓄电池的电解液比重。

5. 按标准清洗并加注冬、夏季润滑油。

6. 冬季应采取防寒、防冻、防滑等措施。

第二节　主要机种的维护保养要点

一、叉车维护保养要点

为保护叉车，能使之正常工作，发挥叉车工作能力，需要与汽车等其他机动车辆一样对叉车进行经常性的维护保养。

（一）叉车的维护保养间隔时间

1. 日常维护（例保），每次出工前后；

2. 一级技术保养，累计工作 250 h，相当一个月。

3. 二级技术保养，累计工作 500 h；相当于一个季度。

（二）各级技术保养内容

1. 日常维护

（1）清洗叉车上的污垢、泥土和尘埃。重点部位是：货叉架及门架滑道，发电机、启动电机及蓄电池电极柱，水箱散热片和空气滤清器等。

（2）检查各部位的紧固情况。重点是：门架支承固定螺栓、起重链拉紧螺栓、轮毂及轮辋螺栓、制动器固定螺栓和转向器固定螺栓等。

（3）检查离合器、制动器、转向器的可靠性、灵活性。

（4）检查渗漏情况。重点是：各管接头、油箱、发动机油底壳及水泵、水箱、变矩器、变速器、驱动桥壳等。

（5）检查轮胎气压，发现不足，及时充气。

（6）检查灯光、喇叭的可靠性。

2. 一级技术保养

除按照日常维护项目进行外，添加下列工作：

（1）检查柴油叉车发动机气缸压力或真空度，检查与调整气门间隙；汽油叉车需清除火花塞积炭、调整火花塞电极间隙、检查分电器触点工作表面，并视需要更换或修磨、调整。

（2）检查发动机风扇皮带松紧程度，调整或更换。

（3）检查水箱节温器工作是否正常。

（4）检查多路阀、升降油缸、倾斜油缸、转向油缸及齿轮泵工作是否正常。

（5）检查变速器换挡工作是否正常。

（6）检查制动鼓与摩擦片间隙。

（7）更换油底壳机油，检查曲轴箱，清洗机油滤清器、柴油滤清器滤芯。

(8) 检查发电机及启动机安装是否牢固。

(9) 保养后重新装配的零部件需经路试检验:

① 不同工况下制动应无跑偏,行驶应无蛇行现象,在规定坡道上拉紧手制动后应能停住车。

② 发动机在加速、减速、重载和空载等情况下运行,应无不正常声响。

③ 路试 5 km 后制动鼓、变速器、驱动桥齿轮泵等处应无过热现象。

④ 升降系统工作应正常,无卡滞、颤抖现象。

3. 二级技术保养

按照一级保养各项目进行,并增添下列工作:

(1) 拆卸水箱,清除外部污垢和内部水垢。

(2) 拆卸水泵,检查轴、轴承、水封及叶轮是否完好。

(3) 拆卸汽缸盖,清除燃烧室、活塞、活塞环、气门及气门座积炭。必要时,研磨气门或更换气缸盖、衬垫,或更换活塞环、活塞销。汽油叉车需清洗化油器并调整浮子室油平面。柴油叉车还需拆下喷油器,按规定压力调整喷油压力,使其雾化良好。

(4) 对工作装置应做全面检查:① 检查两条起重链张紧程度是否一致并加以必要的调整;② 检查货叉、门架、货叉架有无变形和裂纹。

(三) 新车的维护保养

新车开始使用后,必须精心操作、及时调整、保养和维护,否则会降低性能,缩短整车寿命,增加故障可能。为此须采取下列措施:

1. 工作 50 h 后,应更换全部液压油。

2. 在工作一个半月后,更换差速器、减速器的齿轮油。

3. 在工作一个半月后,应重新拧紧全部紧固件。

4. 在工作一个半月后,重新调整驱动桥中主减速器的啮合间隙和接触面,使啮合面大于齿面 70%,侧隙在 0.2～0.4 mm 间。

二、装载机维护保养要点

以常林 ZLM－30E 型为例:在一般作业条件下,定期技术保养分为每日(8～10 h)技术保养、每周(约 50 h)技术保养、每月(约 200 h)技术保养、每季(约 600 h)技术保养、每半年(约 1 200 h)技术保养、每年(约 2 400 h)技术保养等 6 级,根据装载机作业量、具体作业情况和机器实际技术状况,使用单位可以适当地调整保养周期。

(一) 每日技术保养

1. 检查发动机油面,若少则加油至油尺刻度线,若油面过高并逐渐变稀,应找出原因予以排除。

2. 检查燃油箱油面,并尽量予以加满。

3. 检查变矩器、变速箱、油泵、液压转向器的固定、密封状况，以及有无过热现象。

4. 检查各油、水、气管路有无渗漏现象。

5. 检查传动轴以及销轴等处的连接螺栓有无丢失或松动。

6. 进行必要的清洁工作，除去机器的油污、泥土、杂物等。

7. 检查各部件运转时有无异常的声音。

（二）每周技术保养

除完成每日技术保养项目外，还需补充以下项目：

1. 按润滑图表加油和换油。

2. 清洗发动机机油滤清器及燃油粗滤器。

3. 检查风扇皮带的松紧并进行调整。

4. 检查电瓶液面及接线头，接头应涂薄层凡士林油。

5. 检查盘式制动器刹车片磨损及制动系的放气（液压制动系）。

6. 检查油门、制动、变速等操纵杆系、踏板的行程和间隙。

（三）每月技术保养

除完成每日、每星期技术保养项目外，补充以下项目：

1. 清洗空气滤清器。

2. 检查轮胎气压及磨损情况，轮胎气压为 0.275～0.294 MPa，地面愈松软，气压宜偏低。

3. 清洗工作液压油及变速箱油滤清器。

4. 向水泵轴承、各传动轴及操纵杆系加润滑脂。

5. 检查前后桥主传动及轮边减速器油面，加油至规定油位。

6. 工作满 150 h，请拆检制动总泵活塞和密封皮碗，检查有无机械损伤，密封唇口是否已出现沟槽，如发现有此类情况，应立即更换。

7. 检查并紧固摆架、前后桥轮毂及制动器的紧固螺栓。

8. 检查前后车架、工作装置各受力焊缝有无裂纹。

（四）每季技术保养

除完成每日、每星期、每月保养项目外，补充以下项目：

1. 清洗发动机冷却系统。

2. 润滑充电发电机和启动电机。

3. 检查发动机气门间隙，必要时调整。

4. 检查喷油泵的喷油质量和喷油压力。

5. 检查和清洗制动总泵及前后桥、变速箱、变矩器的通气孔。

6. 向伸缩传动轴内加润滑脂。

7. 更换柴油机曲轴箱及喷油泵机油。

8. 检查压气泵、贮气筒、制动阀及空气管路的泄漏情况。

(五) 每半年技术保养

除完成每日、每星期、每月、每季技术保养项目外,补充以下项目:

1. 按润滑图表进行全面润滑、清洗和换油。

2. 检查制动器磨损,必要时更换。

3. 检查全部仪表和灯光。

4. 检查更换制动总泵密封皮碗。

(六) 每年技术保养

1. 按发动机说明书对柴油机进行检修。

2. 根据实际情况对变速箱、变矩器、前后桥、差速器、轮边减速器进行解体检查,修复和更换损坏的零件。

3. 检查转向器及其转向角度、空转间隙并做调整。

4. 对制动系统各部件进行解体检查,对损坏的零件进行修理和更换。

5. 通过对工作油缸自然沉降量的检查,检查多路阀及油缸的密封性,如每 15 min 下降量超过 20 mm,说明内泄较大,应解体检查油缸与多路阀。

6. 检查工作装置与车架有无变形、裂纹、损坏,如有应予及时修复。

三、压路机维护保养要点

以柳工 3YJ21/24C 型压路机为例:在一般作业条件下,定期技术保养除每日(包括检查)外,分为每周(约 50 h)技术保养、每月(约 200 h)技术保养、每季(约 600 h)技术保养、每半年(约 1 200 h)技术保养、每年(约 2 400 h)技术保养等五级保养。保养间隔时间应根据作业量及具体作业情况和机器的实际技术状况来定,使用单位可以参照本规定进行保养工作。

(一) 每日技术保养

1. 检查发动机曲轴箱内机油油位。

2. 检查燃油箱油位和水箱水位并尽量加满。

3. 检查有无油、水、气、渗漏现象。

4. 检查发动机、液压转向器、减速箱、变速箱的固定与密封,看有无异常现象。

5. 检查传动轴以及销轴等处的连接螺栓,有无松动或丢失。

6. 进行必要的清洁工作,除去机器外部的油污、泥土、杂物等。

7. 检查各部位运转时有无异常的声音或不正常的现象。

8. 检查驾驶室内仪表工作是否正常,离合器踏板、行车制动踏板有无自由行程。

9. 检查制动器和转向系统等和行车安全有密切关系的部分是否正常。

(二) 每周技术保养

除完成每日技术保养项目外,还须补充以下项目:

1. 按润滑图表加油和换油。

2. 检查风扇及发动机皮带的松紧程度。

3. 检查蓄电池的电解液。

4. 检查盘式制动器刹车片磨损情况及视情况再确定行车系统的制动总泵、制动分泵是否需要排气。

5. 检查方向及挡位杆系、各操纵踏板是否正常灵活。停车制动是否可靠。

6. 清除散热片上的灰尘(尤其在工作环境很脏的情况下应经常进行)。

(三) 每月技术保养

除完成每日、每周技术保养项目外,还须补充以下项目:

1. 更换发动机机油滤清器、冷却液滤清器和空气滤清器。

2. 更换柴油机油。

3. 检查或更换液压系统中液压油滤油器。

4. 按润滑图表向传动轴等处加注润滑脂。

5. 按润滑图表检查驱动桥及各齿轮箱油位。

6. 检查并紧固后桥轮壳及制动器的紧固螺栓。

7. 检查前后车架及前轮轴承座等重要结构件有无损伤。

(四) 每季技术保养

除完成每日、每周、每月技术保养项目外,还须补充以下项目:

1. 检查电器设备及电线、接头。

2. 检查发动机气门间隙,初次检查气门间隙在走合期 20 h 后进行。

3. 更换柴油滤油器。

4. 检查喷油泵喷油质量和喷油压力。

5. 检查喷油泵工作情况,必要时重新调整。

6. 检查配气定时及供油提前角,必要时予以调整、校对。

7. 清洗燃油箱及油管。

8. 检查、清洗、疏通各处的通气塞、孔。

9. 检查行车制动系统、离合器操纵系统各零部件,必要时调整、修理。

10. 检查转向油缸的工作情况,必要时检修。

11. 检查驾驶室橡胶减振器有无损伤。

12. 更换液压系统中全部滤油器滤芯。

(五) 每半年技术保养

除完成每日、每周、每月、每季技术保养外,还须补充以下项目:

1. 清洗发动机油底壳、燃油箱及其管道。

2. 按润滑图表进行全面的润滑清洗并换油。

3. 检查停车制动器的磨损情况,并进行更换或修理。

4. 检查各仪表及灯光。

5. 检查启动电机、充电发电机、润滑轴承,进行必要的调整或更换。

6. 检查发动机各个机件并进行必要的修正或更换。

(六) 每年技术保养

除完成上述各项目外,还须补充以下项目:

1. 对发动机进行全面检查和测量,并按结果确定必须修理的范围。

2. 根据实际情况对变速箱、离合器、减速箱、驱动桥进行检查、测量、修理或更换损坏的零件。

3. 对停车制动系统、行车制动系统及离合器系统进行全面检查和测量,修复或更换损坏的零件。

4. 检查转向器,修复或更换已损零件。

5. 检查整机性能,发现问题及时处理。

四、电瓶车维护保养要点

(一) 例行保养

1. 班前检查

电瓶车必须在班前做例行保养检查。

(1) 出车前,认真了解车辆在上一班作业中的运转情况、曾出现的故障及所采取的排除措施。

(2) 检查轮胎螺母、半轴螺栓是否松动、脱落,晃动轮胎,检查轮壳轴承的游隙,转向节主销及衬套有无松动,轮胎有无损伤,气压是否正常,剔除胎面花纹中的杂物。

(3) 检查前后桥体是否变形,弹簧钢板是否断裂,卡箍、吊耳及销是否脱落、滑出,骑马螺栓是否松动,中心螺栓是否弯曲折断。

(4) 检查后桥减速箱,差速器工作是否正常,安装是否牢固,各接合面是否漏油。

(5) 检查转向机构各机件是否松动,转向器、转向臂横、直拉杆是否灵活有效。

(6) 检查制动系统各机件是否齐全,制动是否有效。

(7) 检查蓄电池外壳是否有裂缝,柱头是否损坏,接线是否牢固,蓄电池电解液比重是否正常、电压是否足够,蓄电池架是否牢固。

(8) 检查电气设备是否良好,调速是否可靠,各连线是否牢固,各种灯光是否有效、喇叭是否响亮,电阻片是否损坏。

(9) 检查驱动电机安装是否牢固,运转是否正常。

(10) 检查各类仪表和开关工作是否正常,各操纵手把、踏板动作是否正确、有效。

2. 班后保养

(1) 完成班前检查的各项要求。

(2) 润滑点应按要求注油。

(3) 对有液压制动器的搬运车应检查制动器的加油口的液面，不足时要加足。发现油液突然缺得过多，应检查原因，及时排除。

(4) 清扫承载台上的残留货物和积尘，对于装载的货物应及时卸掉，不应留在车上过夜。

(5) 整机应擦拭干净，可以用水清洗，但不得将水浸入电机和电器。

(二) 一级保养

车辆在行驶 250 h 或工作一个月后要进行一次一级保养。

1. 保养机械部分

(1) 检查车辆各部机件、附件是否齐全。

(2) 消除减速箱、差速器、半轴等处的漏油现象。

(3) 调整横直拉杆、转向臂、球销等各种拉杆的长度。

(4) 排除制动系统管路中的空气，调整制动间隙、踏板自由行程和工作行程，按需要调换活塞皮碗。

(5) 调整轮壳轴承间隙，保持轮胎合适的气压。

(6) 更换断裂的各种板件等连接件。

(7) 校正车架上的蓄电池架的变形部分。

(8) 调整各种操作手柄和踏板的间隙与行程。

(9) 紧固全车各机构的连接螺栓和螺母。

(10) 给各润滑点注油。

2. 保养电气系统

(1) 检查所有的线路，发现有短路或者断路时，应换掉已坏的绝缘体、连接断路的地方。

(2) 调节各接触点，使它们的间隙保持在允许范围之内，保持表面光洁、接触良好。

(3) 检查电动机的开路、断路。检查电刷是否磨耗过多，如磨耗过多则应更换新电刷。对整流器不光滑的地方用细沙布磨光，去除各铜片之间的污垢，轴承处加润滑脂。

(4) 将炭刷压力调整在 17～25 kPa 左右。

(5) 检查蓄电池有无自行放电现象，有自放电现象时要用小苏打溶液清洗电极柱和蓄电池盖部分，并冲洗干净。

(6) 检查蓄电池电压(应逐个检查)，发现有个别落后的电池应进行个别充电，使整套电池的电压和电液比重一致。

(三) 二级保养

车辆行驶 1 000 h 或工作半年后要进行一次二级保养。

1. 完成一级保养作业的内容。

2. 检查差速器齿轮、半轴等,调整齿轮啮合间隙,补充齿轮油,发现齿轮有损坏和过度磨损应给予更换。

3. 清理电动机内部,测量绝缘,整修换向器和电刷,清洗电动机轴承,更换润滑脂。

4. 分解检修转向器,调整方向盘自由行程不得超过 20°,极限为 36°。

5. 分解检修制动系统,调整制动踏板自由行程在 30～40 mm,检修制动器蹄块。

6. 检修控制器、接触器、打磨触头,调整接触位置和弹簧压力。

7. 对整套蓄电池进行整修,检测放电容量。

8. 整修蓄电池架,并涂以防酸漆。

五、拖拉机维护保养要点

为了使拖拉机正常工作和延长使用寿命,必须严格执行技术保养规程。定期对拖拉机各部位进行系统的清洁、检查、紧固、润滑、调整和更换部分易损件的维护措施。拖拉机的技术保养一般分为五类:

(一) 例行技术保养(每班工作后)

1. 清除拖拉机上的尘土和污泥。

2. 检查水箱、燃油箱内的液面高度,缺少时应加足。

3. 检查拖拉机外部紧固螺母和螺栓,如有松动应及时紧固。

4. 检查前后轮胎气压,不足时应按规定值充气。

5. 进行作业时,按润滑表对润滑点加注润滑脂(可隔班)。注意加注润滑脂时,要挤出全部泥和水,直到清洁润滑脂溢出为止。

6. 拧下左、右制动器和离合器壳体底部的放油螺塞,检查有无油液流出。若油液过多,应查清原因,及时排除。

7. 按照柴油机说明书中日常技术保养的要求对柴油机进行保养。

(二) 一级技术保养(累计工作 250 h)

1. 完成每班技术保养内容。

2. 检查变速箱、后桥、前桥、转向器、最终传动、提升器及转向油箱油面高度,不足时添加。

3. 检查并调整离合器和制动器踏板的自由行程。

4. 检查并调整前轮前束。

5. 按柴油机说明书中累计工作 125 h 后技术保养要求对柴油机进行保养。

(三) 二级技术保养(累计工作 1 000 h)

1. 完成一级技术保养的全部内容。

2. 更换提升器壳体及液压转向油箱内的机油，并清洗油滤网，清除磁铁上的铁屑。

3. 将变速箱、后桥壳、前驱动桥壳和最终传动壳体内的机油放出，清洗其内腔，将放出的机油经清洁处理后重新加入使用，不足时应添加。

4. 检查液压转向及提升器安全阀压力，必要时调整。

5. 检查前、后最终传动轴承松紧情况，必要时调整。

6. 检查并调整方向盘自由转动行程。

7. 检查离合器三个分离杠杆头部是否在同一平面上，误差应不大于 0.2 mm，必要时调整。

8. 检查电气线路各接头紧固情况，并清除油污和锈斑。

9. 更换轮毂内的润滑脂。

10. 按柴油机各说明书中累计工作 500 h 后的技术保养要求对柴油机进行保养。

(四) 三级技术保养(累计工作 2 000 h)

1. 完成二级技术保养的全部内容。

2. 更换变速箱、后桥壳体、最终传动壳体转向器壳体、前驱动桥壳体内的机油和润滑脂。

3. 检查并调整前、后中央传动齿轮副轴承的间隙。

4. 清除燃油箱内的杂质及冷却系统内的水垢。

5. 根据前轮磨损情况，考虑左、右调换使用。

6. 清除排气管消音器中的积炭。

7. 按柴油机说明书中累计工作 1 000 h 的技术保养要求对柴油机进行保养。

(五) 冬季特殊维护保养

1. 换用冬季润滑油和燃油。

2. 防止冷却系中的水冰冻。在冬季长期停车期间，为避免散热器中的冷却水冰冻，可使用防冻剂，如无防冻剂，则拖拉机停歇时间较长时，应放尽冷却水(放出前，水应冷至 30～40 ℃)。

3. 蓄电池在冬季放电程度不得大于 25%，应经常保持较高充电率，其电解液比重不应低于 1.260，以防严寒冻裂蓄电池。

六、挖掘机维护保养要点

以现代 R220LC—5 为例子，其可分为每日及需要保养、每周(50 h)技术保养、每月(200 h)技术保养、每季(600 h)技术保养、每半年(1 200 h)技术保养和每年(2 400 h)技术保养六个等级的保养。

(一) 每日技术保养

1. 燃油、液压油、机油和冷却水的检查。

2. 仪表板和指示灯的检查。

3. 油水分离器的检查和放水。

4. 风扇皮带张力的检查与调整。

5. 空气滤清器的检查与清洁(适用尘土严重环境)。

6. 履带张紧度的检查和调整。

(二) 每周技术保养

1. 燃油箱的排放。

2. 回转轴承的润滑。

3. 回转减速齿轮油的检查与加油。

4. 油压油箱滤清器、回油滤清器的更换。

5. 先导油滤清器的更换。

6. 液压油箱通气塞滤芯的更换。

7. 回油管路滤清器的更换。

8. 销和轴套的润滑,包括:动臂缸端、动臂底端、动臂缸杆端、斗杆油缸端、斗杆油缸杆端、动臂与斗杆连接处、铲斗缸端、铲斗缸杆端、斗杆与铲斗连接处、斗杆与连杆摇杆连接处、铲斗连杆。

(三) 每月技术保养

1. 发动机机油的更换。

2. 电解液的检查与添加。

3. 液压油回油滤清器、回油管路滤清器、燃油滤清器、空气内外滤芯、先导油滤清器、液压油箱通气塞滤芯的更换。

4. 螺栓和螺母的检查与紧固,包括:链轮固定螺栓、行走马达固定螺栓、回转马达固定螺栓、回转轴承固定螺栓、发动机固定螺栓、配重固定螺栓、回转接头固定螺栓、履带板固定螺栓、主泵固定螺栓。

(四) 每季技术保养

1. 散热器及冷却片的检查与清洁。

2. 水滤芯的更换。

3. 行走减速器油的检查与添加。

(五) 每半年技术保养

1. 回转减速器油的更换。

2. 行走马达减速器油的更换。

3. 回转齿圈与锥齿轮内的润滑脂的更换。

(六) 每年技术保养

1. 液压油及吸油滤网的更换。

2. 冷却液的更换。

第三节 发动机及底盘常见故障排除

一、概述

随着使用时间的不断增加,机动车辆各运动零件会发生正常的自然磨损,在使用保养不当时会引起严重的不正常磨损,以致零件的正常配合关系遭到破坏。另外零件的变形、腐蚀,紧固件的松动,以及有关部位调整不正确都会破坏机动车辆原有技术状态,当技术状态恶化到一定程度后,便会出现某种反常现象或部分零件失去工作能力,使机动车辆不能继续工作,此种现象称为机动车辆发生故障。

机动车辆发生故障后通过分析、判断以及采取必要的方法找出故障发生的部位及原因,并予以排除,迅速恢复车辆完好的技术状态,这一过程称为车辆的故障排除。

(一) 车辆故障的一般现象

1. 工况突变。如发动机突然熄火后再发动困难,甚至不能发动;行驶中制动突然失灵。

2. 声响异常。如发动机敲缸响,气门脚响,传动轴、变速器异响等。

3. 渗漏现象。如漏气、漏油、漏水等。

4. 过热现象。如发动机过热、制动鼓过热、电器过热等。

5. 油耗增多。由于发动机磨损和严重漏气,而使机油被燃烧;燃油因燃烧不完全而漏掉等。

6. 排气异常。气缸上窜机油,废气呈蓝色;燃料燃烧不彻底,废气呈黑色;燃油中有水,废气呈白色。

7. 气味特殊。离合器打滑严重、车辆制动拖滞、发动机过热等,都会散发出一种气味。

8. 外观异常。车辆倾斜、扭曲、变形等,导致行驶不稳定、跑偏。

(二) 诊断故障的一般方法

车辆故障的常用诊断方法可分为客观诊断法和直观诊断法。

客观诊断法是采用检测设备、检测仪器、检测工具等科学方法进行诊断。使用这种方法检测准确、迅速,但成本高,要由专业人员进行,不易普遍使用。

直观诊断法是依靠人的感觉——眼、耳、口、鼻、舌、手来诊断故障。这种方法对小单位的驾驶员是切实可行的。具体做法是:先搞清故障的病状以及伴随的情况,然后再由简到繁,由表及里,逐步深入,分析推理,最后做出判断并排除。这一过程可以概括为6个字:问、看、听、嗅、摸、试。其详细内容是:

1. 问。除驾驶员诊断自己所驾车辆的故障外,其他任何人在诊断故障之前,必须先问清情况,如车辆的技术状况、故障迹象、故障属突变还是渐变等。

2. 看。就是观察,如看排气的颜色,看润滑油变质情况,看损坏情况,再结合其他情况加以分析,就能判断出某些故障。

3. 听。从声响的性质和部位判断故障所在。

4. 嗅。是凭借故障部位发出的异常气味诊断故障。如烧焦味、摩擦热味、不正常燃烧气味等。

5. 摸。是用手直接接触摸故障的热量情况、振动情况、机件的灵活程度等,可以判断部件工作是否正常。

6. 试。就是试验验证,如气缸内部和曲轴轴承的异响可用断火法加以试验,有时可结合路试试验来判断故障。

上述诊断故障的几个方面,不是每一项都要全用上,而是根据不同故障具体灵活地运用,但是,进行任何故障的诊断,总是离不开思考和分析推理的。认真对故障进行分析,可以少走弯路;而对故障分析的准确性,则与诊断人员所具备的实际经验和理论知识的丰富程度有关。

二、发动机故障与排除

以玉柴 6108G 为例,见表 6-5。

表 6-5　发动机故障与排除

故障特征	原因分析	排除方法
启动困难或者不能启动	1. 供油系统内有空气	检查供油管路接头是否有松动、破损现象。如有,应排除或更换。故障处理后排除油路内空气
	2. 燃油管路堵塞	检查各油路是否通畅
	3. 燃油滤清器阻塞	更换燃油滤清器滤芯
	4. 气缸内积油太多	先关闭油门,用启动机转动曲轴,排尽缸内积油。对大修和三保后的发动机更应注意
	5. 喷油少、不喷油或喷油压力低	检查喷油器雾化情况,喷油泵柱塞及出油阀是否磨损或卡死,柱塞弹簧及出油阀弹簧是否折断。检查并调整喷油压力至规定范围
	6. 启动电气系统故障; 电路接线错误或接触不良; 蓄电池电力不足; 启动机炭刷与整流子接触不良	检查接线是否正确、可靠; 对蓄电池进行充电或更换蓄电池; 修理或调换炭刷,用水砂纸清理整流子表面并吹干净
	7. 启动机损坏	更换启动机
	8. 压缩力不足; 活塞环过度磨损; 气缸套过度磨损; 气门漏气	更换活塞环; 更换气缸套; 检查气门间隙或气门密封情况,重新调整气门间隙或研磨气门
	9. 配气相位不对	对大修或三保后的发动机应注意齿轮记号是否装对

续表 6－5

故障特征	原因分析	排除方法
功率不足	1. 进气堵塞	检查空气滤清器、进气管，清理或更换空气滤清器滤芯
	2. 排气背压过高	检查气门定时，必要时调整；检查清理排气管
	3. 柴油机过热	检查冷却水量是否充足，不够时应加足；水泵是否漏水或皮带有无过松现象，如有则应修复或调整；是否水腔水垢过厚，如是应设法清除
	4. 油路漏油或堵塞	检查油管及接头处的密封情况，燃油滤清器的堵塞情况，必要时更换滤芯
	5. 喷油泵工作不良	检查出油阀是否漏油，出油阀弹簧、柱塞弹簧有无断裂，柱塞是否磨损过度，必要时更换损坏件，调整油泵
	6. 进排气门间隙不对或气门不密封	检查并按规定调整气门间隙，检查气门密封情况，必要时进行修磨
	7. 气缸垫漏气	按规定力矩顺序拧紧气缸盖螺栓（螺母），或更换气缸垫
	8. 柴油机过热、冷却液温度过高	检查并修理散热器、调温器、调整风扇皮带张紧力
	9. 活塞环磨损过大或断裂	更换活塞环
	10. 气缸套磨损过大	更换气缸套
	11. 增压机型的增压系统压力不足	检查并排除管路和连接处是否泄漏
	12. 增压器工作失常，压气机、涡轮气流通道污染堵塞或损坏； 轴承失效； 涡轮、压气机背面间隙处有积炭、油泥	清洗或更换压气机壳、涡轮壳； 更换轴承； 清洗或更换
柴油机运转时有不正常的杂声	1. 气缸内有清脆金属敲击声：喷油时间过早	调整静态供油提前角
	2. 气缸内有低沉不清晰的敲击声：喷油时间过迟	调整静态供油提前角
	3. 喷油器卡滞引起气缸内敲击声	检查喷油器，必要时更换针阀偶件
	4. 连杆瓦、主轴瓦与轴颈的间隙过大引起的撞击声	检查轴瓦和曲轴是否磨损过度，必要时更换新瓦和修磨曲轴并用加大轴瓦
	5. 曲轴轴向间隙过大引起的游动撞击声	检查止推片磨损情况，磨损过大时应更换
	6. 活塞与缸套间隙过大引起的撞击声	检查活塞与缸套的磨损情况，必要时更换活塞或缸套

续表 6-5

故障特征	原因分析	排除方法
柴油机运转时有不正常的杂声	7. 气门碰活塞发出的有节奏的敲击声	检查并调整气门间隙
	8. 传动齿轮磨损，间隙过大在正时齿轮室处可听到较高频的机械噪声	检查齿侧间隙，视磨损情况更换齿轮
	9. 气门弹簧断裂引起的异常敲击声	应立即停机检查，更换损坏件
	10. 增压型柴油机增压器哮喘	清除压气机通道、废气通道的积炭和污物
	11. 增压器轴承损坏，转动体与壳体相碰	更换总成
排气冒黑烟	1. 进气堵塞	检查空气滤清器及进气管路并清理
	2. 燃油质量差	换用规定的燃油
	3. 供油或配气定时不正确	按规定调整
	4. 喷油器雾化不良	检查调整或更换
	5. 喷油泵供油量过大	检查后按规定调整
	6. 增压机型增压系统压力不足	检查并排除管路及连接处的泄漏
	7. 增压器工作失常	检查修复增压器或更换总成
排气冒白烟	1. 燃油质量差，含水分过多	更换符合标准的燃油
	2. 气缸中有水	检查气缸盖及气缸垫片等零件有无损坏而引起冷却水渗入气缸，检查出后更换损坏件
	3. 冷却水温过低	检查调温器工作温度，必要时更换
	4. 配气或供油定时不正确	检查并调整
	5. 喷油器雾化不良	检查、调整或更换
	6. 活塞环或气缸套过度磨损、气缸垫片漏气，造成压缩压力低，燃烧不完全	检查活塞环、气缸套、气缸垫片，更换损坏件
排气冒蓝烟	1. 油底壳机油过多	检查，油面过高时应放出
	2. 空负荷低速运转时间过长，引起机油窜入气缸内燃烧	尽量减少低速空载运行
	3. 活塞环组安装方向不对，开口未错开，引起机油窜入气缸内燃烧	检查并重新装配
	4. 气门导管磨损过大，机油从气门导管及气门杆间隙窜入气缸内燃烧	检查气门与导管间隙，过大时应予更换

续表 6－5

故障特征	原因分析	排除方法
排气冒蓝烟	5. 增压机型的增压器密封环或止推轴承磨损，造成机油从进气管进入气缸内燃烧或进入涡轮壳内燃烧	检查并更换
	6. 增压机型的增压器回油管路阻塞	清洗、修理
机油压力过低	1. 机油变稀或所用机油规格不对	按规定选用合适的机油
	2. 机油泵内外转子磨损或安装间隙过大	更换转子，调整间隙
	3. 机油滤清器堵塞	更换滤芯
	4. 机油滤清器调压阀调整不当或失灵	检查调整、修复
	5. 机油泵齿轮损坏或磨损	更换齿轮
	6. 机油冷却器及进出油管漏油或堵塞	检查、清洗、修复
	7. 轴瓦间隙过大	检查并更换
	8. 机油压力表或感应塞失灵	检查更换
机油压力过高	1. 气温过低，机油黏度变大	选用规定牌号的机油
	2. 机油滤清器调压阀调整不当或失灵	检查调整、修复
	3. 油路堵塞	清洗油道
机油温度过高、消耗量大	1. 柴油机负荷过重	注意不能乱动油泵上的铅封加大油量，使柴油机超负荷运行。长期超负荷运行会使机械早期损坏
	2. 使用机油规格不对	按规定要求使用
	3. 活塞环卡死或磨损过大	检查、修复，必要时更换
	4. 缸套磨损过大	更换缸套
	5. 活塞及活塞环上的油槽和油孔堵塞	拆下、清洗干净再装复
	6. 机油冷却器水腔水垢太厚，造成冷却不良	清除水垢
	7. 油路堵塞	清洗油道
冷却液温度过高	1. 散热器液面过低	检查是否泄漏，添加冷却液
	2. 柴油机水腔及散热器水垢太多	清除水垢
	3. 水泵传动皮带松弛	按规定调整张紧力
	4. 调温器失灵	更换调温器
	5. 水温表或感应塞失灵	检查更换

三、底盘故障与排除

表 6-6　底盘故障与排除

故障特征	原因分析	排除方法
离合器盘打滑	1. 离合器踏板没有自由行程或压盘弹簧软弱，使离合器盘得不到足够的压力而打滑	调整、更换
	2. 离合器盘摩擦片沾油、硬化、铆钉头露出或磨损过薄影响离合器盘与主动部分的密合，使摩擦压力降低而打滑	清洗、更换
	3. 液压操纵离合器的传力装置中，离合器分离液压总泵主液压分泵活塞卡住不回位造成离合器盘打滑	检查、清洗、更换
离合器分离不开	1. 离合器踏板自由行程过大，使踏板踏下时，压盘有效行程过小而分离不开	调整、更换
	2. 离合器盘摩擦片破损或因离合器盘毂槽与变速器第一轴锈蚀失灵，当踏板踏下时不能分离或不能完全分离	检查、清洗、更换
	3. 在修理或更换离合器摩擦片后，因摩擦片过厚而不能分离开	调整、更换
	4. 分离拨叉及支架螺栓松动，双片式离合器前压盘调整螺钉调整不当而分离不开	调整、更换
	5. 离杠杆高低不一致或离合器盘扭曲，在踏下离合器踏板后，离合器盘尚有部分不能与飞轮分开	调整、更换
	6. 液压传力装置中离合器分离总泵、分泵失灵，管路中有空气或者是管路漏油都会造成分离不开	检查、清洗、更换、调整
离合器发抖	1. 分离杠杆高低不一，一般是修理或保养时调整不当而使各杆受力不均	调整
	2. 离合器盘毂铆钉松动或摩擦片表面不平及压盘弹簧的压力不均，造成接合时发抖	调整、更换
	3. 发动机装置螺栓松动、拉杆过松、变速器固定螺栓松动、传动轴中间支承螺栓松动、发动机曲轴轴向间隙过大等，都会使离合器在接合过程中失准而发抖	调整、更换、紧固
离合器异响	1. 分离轴承缺油或磨损响	润滑、更换
	2. 分离杠杆或支架销磨损松旷响	调整、更换
	3. 双片离合器前压盘传动销或销孔磨损松旷响	调整、更换
	4. 分离套筒回位弹簧折断失效，使套筒自由滑动响	调整、更换
	5. 离合器片减震弹簧磨损断裂发响	调整、更换
	6. 踏板回位弹簧折断、软弱，使分离轴承与分离杆碰击发响	调整、更换
变速器漏油	1. 变速器各连接部分螺栓松动或衬垫不严，损坏而漏油	检查、更换
	2. 变速器油封或凸缘磨损漏油	调整、更换
	3. 变速器各轴端与座孔松旷而漏油	检查、更换

续表 6-6

故障特征	原因分析	排除方法
变速器发响	1. 因变速器内缺油或齿轮油过稀而发响	补充、更换
	2. 轴承磨损松旷响	检查、更换
	3. 轴的弯曲变形使滑动齿轮和常啮合齿轮的轴向间隙过大或过小而发出响声	检查、更换、调整
	4. 齿轮的磨损增大了啮合间隙而发出响声	检查、更换
变速器跳挡	1. 变速器轴承或齿轮、齿套严重磨损	检查、更换
	2. 换挡叉松动、弯曲，或叉端工作面过度磨损，使齿轮不能正常啮合而跳挡	检查、更换
	3. 换挡叉轴凹槽磨损过甚。销球弹簧软弱，使定位作用失效而跳挡	检查、更换
变速器乱挡	1. 换挡杆定位销松旷、损坏，或球轴磨损	检查、更换
	2. 换挡叉油压互锁销磨损	检查、更换
	3. 换挡叉导块开槽或换挡杆下端工作面磨损	检查、更换
万向传动异响	1. 传动轴花键松旷发响	检查、更换
	2. 万向节磨损；滚针磨损、断裂；螺栓松动响	检查、更换
	3. 中间轴承响	检查、更换
万向传动振动	1. 传动轴弯曲变形	检查、校正
	2. 平衡块脱落	检查、焊补
驱动桥过热	1. 齿轮油变质、油量不足或者规格不对	补充、更换
	2. 轴承过紧	检查、调整
	3. 齿轮啮合间隙过小	检查、调整
	4. 油封过紧和运动副之间润滑不良	调整、润滑
驱动桥漏油	1. 加油口、放油口螺栓松动或损坏	检查、更换
	2. 油封损坏	检查、更换
	3. 接合面变形、加工粗糙等	检查、加工
	4. 通气孔堵塞	检查、通孔
	5. 桥壳缺陷或者裂纹	检查、焊修
液压制动系失效	1. 制动轮缸、主缸、管路或管接头漏油	检查、更换
	2. 主缸储液(罐)存油不足或无油	检查、补充
	3. 制动液变质(变稀或变稠)或管路内壁积垢太厚	检查、更换
	4. 制动液中有空气	检查、排气
	5. 主缸、轮缸皮碗、活塞或缸筒磨损过度	检查、更换
	6. 主缸进油孔、补偿孔或储液室(罐)通气孔堵塞	检查、通孔

续表 6-6

故障特征	原因分析	排除方法
液压制动系失效	7. 主缸出油阀、回曲阀不密封;活塞复位弹簧失效;活塞前端贯通小孔堵塞或主缸皮碗发粘、发胀	检查、更换
	8. 轮缸皮碗发黏、发胀	检查、更换
	9. 增压器或助力器效能不佳或失效	检查、更换
	10. 油管凹瘪或软管内孔不畅通	检查、更换
	11. 制动踏板自由行程太大	检查、调整
	12. 制动蹄摩擦片与制动鼓(盘)靠合面不佳或制动间隙调整不当	检查、调整
	13. 制动蹄摩擦片质量欠佳或使用中表面硬化、烧焦、油污、铆钉头露出	检查、更换
	14. 制动鼓磨损过甚或制动时变形	检查、更换
	15. 制动油管工作时胀大	检查、更换
制动跑偏	1. 左右制动器产生的制动力不一	检查、调整
	2. 左右制动轮缸技术状况不一	检查、调整
	3. 左右车轮气压、花纹等不一	检查、更换
	4. 单边制动管有阻塞、漏洞等现象	检查、更换
	5. 车架车桥等变形	检查、校正
转向沉重	1. 因修理或保养时调整不当使蜗杆上下轴承过紧或摇臂轴与蜗杆啮合过紧	检查、调整
	2. 因前轴或车架受撞击而变形,使前轮定位失去正确的作用	检查、调整
	3. 因转向节销与衬套配合间隙过紧或者止推轴承缺油	润滑、调整
	4. 因管柱凹陷,转向轴弯曲使转向时轴与管柱碰擦	检查、更换
	5. 横直拉杆球节缺油或轮胎气压不足,转向器内缺油	补充、调整
转向不稳	1. 因蜗杆上下轴承间隙过大,或摇臂轴滚轮与蜗杆啮合间隙过大	检查、调整
	2. 因转向节销与衬套磨损松旷,横、直拉杆球销磨损松旷而控制困难	检查、调整、更换
	3. 前束过大	检查、调整
	4. 轮胎的轮辋变形,轮胎内垫皮过大,前钢板弹簧紧固螺栓松动	检查、调整
行驶跑偏	1. 因前轮左右轮胎气压不一致,或一边钢板弹簧过低	检查、调整
	2. 一边车轮制动器发咬	检查、调整
	3. 某一边转向节销及其衬套松动,以致左右轮的后倾和外倾不相等,或某一边前轮轴承损坏	检查、调整、更换
	4. 前轴或车架弯曲	检查、校正

第四节 常见机种故障排除

一、叉车常见故障及排除

表 6-7 叉车常见故障与排除

故障特征	原因分析	排除方法
液力传动无力或无法起步	变矩器油量不足、变矩器油变质； 变矩器供油泵损坏； 变矩器油温过高	添加变矩器油或更换新油； 更换变矩器供油泵； 检查冷却水箱液位，停止作业片刻
液力箱摩擦打滑，车辆无力	摩擦片磨损严重； 安全阀压力过低	更换摩擦片； 调整压力到 1.1～1.4 MPa
起升缸、倾斜缸漏油	油封损坏	更换油封
空载时不能起升和倾斜	多路阀溢流孔堵塞	清除堵塞物
满载时起升慢或不升	齿轮泵容积效率太低； 多路阀溢流阀失灵； 齿轮泵吸油量不足	维修或更换齿轮泵； 调整溢流阀的压力； 修通管路，清洗吸油滤清器或加足液压油
下降速度太快	限速阀失效	检查并修复
门架下滑量大	系统内漏油量大，特别是多路阀内漏油量大	检查系统和多路阀各处密封件，如损坏则更换
系统流量、压力不足	齿轮泵轴向间隙与径向间隙过大； 齿轮泵侧板与齿轮端面磨损严重； 连接处泄漏或管路吸入空气； 吸油软管折叠或堵塞； 油箱吸油滤网堵塞； 油的黏度过大或油温过高	检查齿轮泵，采取措施调整间隙； 更换侧板或齿轮； 检查各连接处，紧固或更换密封件； 修通油管； 清除污物，定期换油； 采取措施降低油温
液压系统噪音严重及压力波动厉害	滤清器堵塞； 液压油不足； 接合面及管道泄漏，混入空气； 齿轮精度降低	清除污物； 加足工作油； 紧固各连接处，严防泄漏； 研磨修复或更换齿轮泵
多路阀密封性不够	阀体接触面间 O 型密封圈损坏	更换 O 型密封圈
多路阀滑阀不能复位	复位弹簧变形； 阀体与滑阀之间不清洁； 连接螺栓拧得太紧，使阀体发生了变形	更换复位弹簧； 清洗； 重新拧紧连接螺栓
溢流阀压力不稳定或者压力上不去	调压弹簧变形； 锥阀磨损； 锁紧螺母松动； 泄油口堵塞	更换、调整弹簧； 研磨修复或更换锥阀； 拧紧锁紧螺母； 除去堵塞物
滑阀在中立位置时门架下滑量大	阀体与滑阀间隙增大； 滑阀位置没有对中； 锥阀磨损或被污物垫住	修复或更换滑阀； 使滑阀位置保持对中； 更换锥阀或清除污物

二、装载机常见故障及排除

以常林ZLM－30E型装载机为例，见下表6－8。

表6－8　装载机故障与排除

部别	故障特征	原因分析	排除方法
整机故障	柴油机启动不起来	见表6－5发动机故障与排除	
	柴油机运转，车不走	见表6－5发动机故障与排除	
	驱动力不足，行驶速度不快	发动机工作无力； 制动未松或气制动带盘； 变速箱油压低，离合器打滑； 变速箱油量不足	按柴油机说明书检查排除； 松开制动或对轮边制动进行放气； 检查变速离合器和调整变矩器进油阀压力； 补充新油
变矩器和变速箱	油温过高，变矩器变速箱油过热	连续重载作业时间过长； 变速箱油面过高或过低； 机油散热器阻塞； 离合器摩擦片变形翘曲分离不彻底，摩擦发热； 挡位活塞出来后不能完全退回	暂时减荷或停止作业； 按油尺规定的油面放油或补油； 清洗散热器； 更换离合器摩擦片； 拆下清洗，必要时更换
	挡位无压力、没有挡或挡位压力过低	变速箱油面低； 油路不清洁，粗、精滤器或分配阀内阻塞，分配阀体内阀芯卡死； 分配阀内稳压阀卡死或节流孔堵塞； 变矩器进油阀压力太低； 分配阀上随动阀芯卡死，O形圈损坏； 挡位阀体穿腔泄漏； 离合器轴上油封环损坏； 油泵损坏	补充新油； 拆下粗、精滤器和分配阀，用干净汽油清洗，放尽变速箱内油，清洗后更换新油； 拆下清洗； 调节进油阀端螺栓，压缩弹簧增加压力； 清洗分配阀、更换O形圈； 更换阀体； 更换油封环； 更换油泵
	挡位压力波动剧烈，行驶不稳	油路系统内吸入大量空气，形成液压冲击波动	检查管路有无破裂并排尽空气
	铲掘无力，挡位不准，行驶不稳	挡位操纵手柄与挡位阀杆相对位置不准； 油温过高	调整操纵手柄与挡位阀杆的相对应位置，拧紧固定螺母； 按油温过高排除方法处理
	作业或行驶时突然停车	某挡离合器主、从动摩擦片咬死； 某离合器轴上的油封环损坏，形成两挡同时进压力油或进挡位的油窜入冷却孔内	拆检变速箱，更换摩擦片； 更换油封环

续表 6-8

部别	故障特征	原因分析	排除方法
前后驱动桥	行驶时车轮有偏摆现象	轮毂轴承间隙过大； 轮胎安装不良； 轮毂紧固螺栓松动	调整间隙，轮毂应能自由转动； 重新正确安装； 紧固
	发热	轴承装配间隙过小； 润滑油太多或太少； 通气孔阻塞； 密封件损坏，油漏失	重新调整间隙； 适当放油或加油； 清洗通气孔； 换密封件、加油
	有不正常的杂音	固定螺栓、螺母失落或松动； 润滑油不足产生干摩擦； 润滑油规格不对或有杂质； 主从动螺旋伞齿轮间隙调整不当，齿面啮合不好	紧固或更换； 向需要处加润滑油； 更换合格的润滑油； 重新调整，接触印痕沿齿长及齿高方向均大于 50%
	渗漏油	螺栓松动； 骨架油封损坏； 结合平面起毛不平； O 形密封圈变形或损坏	拧紧； 更换骨架油封； 修研平面； 更换 O 形密封圈
转向系统	转向圈数增多，转向力矩不足	工作液压油箱油面过低； 管路漏油，密封件损坏； 油缸内漏，流量不足； 转向器转子磨损； 气温低，油的黏度大，或用油牌号不当； 转向阀压力过低	按规定加油； 更换密封件，拧紧接头； 更换密封件； 更换； 按规定更换用油； 调节压力到 14 MPa
	不能转向或转向失灵	转子和定子咬死，阀芯、阀体、阀套三者相互间咬死； 连接销折断； 弹簧片损坏； 转向油泵失效	分解检查，进行清洗和研配或更换零件； 更换； 更换； 更换
制动系统	渗漏油	橡胶密封圈损坏； 结合面不平或垫圈损坏	更换橡胶密封圈； 修平或更换垫圈
	制动力不足	空气压力过低； 加力器皮碗磨损； 制动阀进气迟缓； 制动阀的排气阀漏气； 制动液压管路及钳盘制动器漏油； 制动液压管路中有气； 制动总泵进油孔堵塞； 刹车油太少； 制动器衬块磨损； 制动器衬块被油浸透	检查漏气现象并排除； 更换； 检查并调节制动阀的进气阀开口大小； 修理； 检查修理； 放气； 清洗； 加油； 更换； 更换
	偶尔制动踩空，稍后能恢复正常	总泵密封皮碗密封唇边局部磨损起沟槽； 总泵活塞弹性不足，有老化现象； 皮碗密封层反边	更换密封皮碗； 更换总泵活塞； 更换

续表 6-8

部别	故障特征	原因分析	排除方法
制动系统	制动器不能正常松开	制动阀排气孔堵塞； 加力器动作不良； 制动液压系统中有气； 制动器皮碗翻边活塞卡死	清洗排气孔； 检查修理加力器； 放气； 检查清洗,更换油封
	发动机运转时气压上升缓慢	空压机工作不正常； 管路接头松动； 贮气筒漏气	检查修理空压机； 拧紧接头、更换密封件； 检查修理贮气筒各部
	停车后气压迅速下降	贮气筒上的放水阀、安全阀不密封； 管路破裂或接头松动； 气制动阀进气阀门被脏物卡住或损坏	检查修理或更换； 更换管路和密封件,拧紧接头； 踏几次制动踏板,吹掉脏物,如损坏则更换
工作液压系统	工作装置动作速度慢,举升力不足	安全阀压力调整不当； 齿轮油泵内漏严重,阀体间隙大； 油箱滤油器阻塞； 油面低,油规格不对； 油缸内漏	调到额定压力； 更换油泵或修整滑阀与阀体间隙； 清洗； 加合格的油到规定油面； 按自然沉降量检查系统密封性,更换密封件
	液压油泡沫过多	油质量差； 油面低	换油； 加油
	油泵噪音大	进油管或滤油器阻塞； 油中泡沫多	清洗油箱和吸油管路； 加油或换油
	液压油缸运动不平稳,有震颤现象	油箱油面低或空气进入系统； 油箱滤油器阻塞	加油、放气； 清洗或更换滤油器

三、压路机常见故障及排除

以柳工 3YJ21/24C 型压路机为例,见表 6-9。

表 6-9 压路机故障与排除

部别	故障特征	原因分析	排除方法
发动机部分	见表 6-5 发动机故障与排除		
离合器部分	离合器分离不彻底或结合力不够	分离轴承与分离杠杆间隙大； 摩擦片磨损过甚； 摩擦片表面有油污； 分离轴承烧坏	调整间隙； 更换新件； 去除表面油污； 更换
	不起作用	分离轴承弹簧掉落； 分离轴承烧坏； 摩擦片碎裂	重新安装好或换新件； 更换； 更换

续表 6－9

部别	故障特征	原因分析	排除方法
后桥及传动轴部分	行驶时车轮有偏摆现象	轴承或齿轮间隙过大； 轮胎安装不良； 轮壳紧固螺栓松动	调整间隙； 重新正确安装； 紧固轮壳螺栓
	发热	轴承或齿轮装配间隙过小； 润滑油过多或过少； 通气孔阻塞； 密封件损坏，油泄漏	重新调整； 适当放油或加油； 清洗通气孔； 换密封件，加油
	有不正常的声音	连接螺栓、紧固螺母松动，甚至失落； 润滑不足产生干摩擦； 润滑油规格不对或量不足	紧固或更换； 向传动轴处加润滑脂； 加足合格的润滑油
	漏油	油封损坏，老化变质； 螺栓松动	更换油封； 拧紧
减速箱变速箱	车不走或不能换挡	挡位操纵杆系松动，挂挡不到位； 变速箱内拨杆头落出拨叉槽外	调整操纵杆系的位置； 重新安置入位
	发热	润滑油不足或规格不对； 密封件损坏、油漏失； 通气孔堵塞	加足合格的润滑油； 换密封件、加油； 清洗通气孔
	噪声过大	齿轮磨损过大	更换新件
转向系统	不能转向	转向器连接销折断； 转向器弹簧片损坏； 转向油泵损坏	更换连接销； 更换弹簧片； 更换油泵
	转向圈数增多、转向力矩不足	管路漏油、密封件损坏； 油缸内漏； 转向器转子磨损，排量下降； 转向阀压力过低	更换密封件，拧紧接头； 更换密封件； 更换； 调节其压力到 12 MPa
	转向缓慢、费力	柴油机转速太低； 转向油泵泄漏； 转向轴轴承部位润滑不良	提高转速； 检修； 加润滑脂
	转向不平稳，有震颤现象	油箱油面低、油泵吸入空气； 管道有裂纹或密封损坏，进入空气； 较长时间停车后，油中空气分离出来，积蓄在转向油缸上部	加油； 修理更换损坏的管件和密封件； 连续进行几次从左到右、从右到左原地全转向动作，使空气排出
制动系统	制动力不足	由于管路漏气或连续使用刹车，致使空气压力过低； 加力器皮碗磨损漏气； 踏板阀漏气； 制动总泵进油孔堵塞； 制动总泵制动液太少； 制动管路或钳盘制动器漏油； 制动管路中有气； 制动器衬块磨损或被油浸透	查明漏气现象，予以排除； 更换； 检查修理； 清洗畅通； 加满制动液； 检查修理； 放气； 更换新的衬块

续表 6－9

部别	故障特征	原因分析	排除方法
制动系统	制动器不能正常松开	踏板排气堵塞； 加力器动作不良； 制动油路系统中有气； 制动器上皮碗翻边,活塞卡死	检查修理； 检查加力器； 放气； 检查清洗,更换皮碗
	发动机运转时气压上升缓慢,停车后气压迅速下降	空压机活塞、气缸等零件磨损,工作不正常； 管路接头松动漏气； 踏板阀漏气； 储气筒上的放水阀、安全阀不密封	检查修理或更换； 拧紧或更换密封件； 检查修理； 检查修理或更换
	制动时跑偏	左右轮制动器有一侧失效或效果差； 制动加力器失效； 左右轮胎气压不一致	检查修理； 检查修理 ； 使左右轮胎气压一致
电气系统	电瓶的电消耗过快	开车时钥匙长时间不在“接通”位置,不充电； 压路机工作循环时间太短,使电瓶充电不足； 电气系统短路； 电瓶极板硫化,充不进电	注意转到“接通”位置； 做些辅助工作,让电瓶充电； 查找修理； 调整电解液比重,重新充电
	电流表指针波动	电瓶到电流表的线路接头松动	查找松动的接头,予以紧固
	启动马达无力	电瓶电力不足； 接头松动	充电或更换电瓶； 拧紧
	电气仪表不工作	仪表或感应器损坏； 连接松动； 导线破裂、漏电	更换； 拧紧； 修理或更换
	发电机不发电或充电电流很小(指蓄电池充不足)	传动皮带过松、打滑； 调节器故障； 发电机故障	调整皮带松紧度； 在柴油机低速运转时,将调节器二个接线端子:“点火”及“磁场”、用导线短接一下,看断开火花,如出现火花,而且电流表指示为充电,证明是调节器故障,须换新； 用直流电压表检查发电机是否发电:电压表(＋)接发电机“电枢”接线柱,电压表(－)接发电机外壳,发动机运转时电压表指示蓄,电池电压上升为 28 V 左右,说明发电机工作正常,如果电压表读数不变,说明发电机不发电;用灯泡检查发电机是否发电:先将接到发电机“电枢”接线柱上的导线拆下,然后将车上灯泡(如仪表盘照明灯)的火线接“电枢”接线柱,另一接线端不需再接(已搭铁),发动机低速转动时灯泡发亮,表示发电机发电,如不亮,则发电机有故障应拆开修复

续表 6-9

部别	故障特征	原因分析	排除方法
电气系统	电流表指针摆动过大	发电机炭刷接触不良； 调节器触点烧毛接触不好	拆开修复； 拆开修复
	充电电流过大	调节器调节电压过高； 调节器触点烧坏； 调节器线圈末端脱落失去调节作用	须重新调整至规定范围； 应拆开检修或换新； 打开调节器重新焊牢
	喇叭不响	喇叭继电器接点烧毁； 喇叭线圈烧断； 线路故障	换新； 检修或换新； 检查修复
	转向灯不亮	线路有故障	检查熔丝、闪光器及灯泡
	其他照明灯及指示灯不亮	线路有故障	检查熔丝、灯泡；对线路进行修复

四、电瓶车常见故障及排除

表 6-10　电瓶车故障与排除

故障特征	原因分析	排除方法
车不启动	电气系统线路不通； 接触器熔断器烧断； 电机绕组有严重短路、断路，换向片间短路，炭刷接触不良； 个别电瓶损坏或过桥线断损	分段检查，排除断路； 更换； 逐项检查修复； 逐个检修
电机转速不正常	绕组短路、断路，接地或炭刷位置不对； 过载，轴承损坏，电压不符，绕组线接错	检查绕组，校正炭刷架； 减轻负载，检查纠正
炭刷发生火花	炭刷接触不良，换向片不平，云母片凸露； 炭刷位置不对，表面不清洁，换向规格、极性错； 电枢绕组短路、反接，磁极绕组短、断路	车平加工； 检修更正； 检查、更换、修复
电机发高热	过载，轴承油封紧或润滑不良，传动不合适； 轴心不正，电枢与磁极绕组短路； 炭刷压力大、位不正、整流不良	调换，润滑，修正； 检查、调整、修复； 检查、调整、修复
有杂音	轴承损坏，换向器表面不平； 炭刷震动，摩擦	加工更换； 加工更换
电机转动正常而车辆不启动	差速器损坏，花键轴断，过桥齿、轴损坏； 电机齿轮或平键坏	检修、更换； 检修、更换
大容量接触器线圈不工作	吸引线圈烧损、断线； 吸引磁板被杂物夹住	更换； 清除修复
行车时联挡，车停不下来	触点松了，熔在一块； 小控制器的电路导通	紧固、更换； 检查、排除

续表 6-10

故障特征	可能原因	排除方法
倒、顺挡一推上，车就行驶	调速电阻绝缘不良，电阻搭铁； 大容量接触器上，挡的线圈接线柱碰线，吸住	重新拆调电阻、修复； 检查、排除
车一开，烧触点再烧熔断器	电源或电机短路； 大容量接触器的倒、顺线圈都吸上	检查、排除； 检查、修复
车启动时，挡线圈忽上、忽下，不能行驶	电瓶组的连接线接触不良； 电锁和倒、顺开关接触不良	检修更换； 修理更换
倒、顺挡线圈吸上而一、二、三挡线圈不吸上	电锁去小控制器线断； 小控制器电源一端断损	检查、排除； 检查、排除
一、二、三挡线圈吸上而倒、顺线圈挡不吸上	电锁去倒、顺开关一端线断损； 倒、顺开关保险丝损坏； 倒、顺开关内导电铜片损坏	检修、排除； 更换； 修复、更换
喇叭不响和发音不正常	喇叭接在电瓶上的引线腐蚀断损； 揿钮开关损坏，接触不良； 喇叭线圈断损； 喇叭松动后发音不正常； 铂金触点未调好	检查更换； 修复、更换； 更换； 紧固修复； 调整至规定
灯光不亮	灯泡灯丝烧断； 电源线断损； 开关接触不良； 灯罩松动，接触不良	更换； 检查修复； 更换； 紧固修复
电瓶容量降低	初次充电不足	给予全充、全放，使内部活性物质恢复
使用时电压下降快	经常过量放电使用	配制标准电解液，切勿超规定比重
充电时过早发生气泡或一开机就有气泡	电解液比重超过规定	补充电解液，使电解液高于极板表面
电解液混浊	电解液不纯，极板活性物质脱落，木隔板处理不当	彻底清洗电瓶内部，并重新更换电解液
制动器不灵	制动带和制动鼓沾油过多； 由于校正不当，间隙过大； 制动带磨损较大； 制动毂磨损严重； 调节制动铁和桃子夹头磨损或校正不好； 制动铁上压簧松或压簧不好无弹力	清洗、修复； 按要求调整间隙； 更换、修复； 更换、修复； 修理、调整； 修理、更换

第七章　企业内机动车辆新技术及发展趋势

第一节　机电液一体化技术在工程机械上的应用

随着社会的发展，人们对工程机械的发展方向提出了更多的要求，如高性能、低能耗、操纵轻便灵活、安全舒适、可靠耐用等，即对于现代化工程机械，人们已不满足其"能工作"，而是要求其"出色工作"，希望能实现省力、自动化、智能化和低耗能。电子技术的飞速发展，尤其是微电子、信息、新材料及集成技术的发展，使信息、传感等技术与传统机械产品的融合成为可能。传统机械产品正向着智能化、网络化、模块化、柔性化、微型化、自动化等机电一体化新阶段迈进。机电一体化技术作为一门新兴的交叉学科技术，涉及机械制造技术、信息处理技术、传感器技术、伺服驱动技术、接口技术、自动控制技术等关键技术。由于工程机械多数还有液压传动系统，因此，对于工程机械来说，采用的则是机械、液压与电子器件一体化技术的产物——机电液一体化系统。工程机械上的这一系统，一般由机械部分、动力部分、液压部分、传感(检测)部分、驱动部分、控制及信号处理几个部分组成。机电液一体化技术在工程机械上应用的结果，使工程机械的性能发生了巨大的变化。

一、工程机械的机电液一体化系统

目前，对机电液一体化系统并没有一个普遍认同的定义。由于机电液一体化系统的跨学科性及其自身的复杂性，不同学科领域的学者分别从不同的研究角度对机电液一体化系统进行了定义。机电液一体化技术是以机械、液压、电子技术为主，通过信息技术将三者有机结合而形成的高技术，其实质是应用系统工程的观点和方法，综合运用各种现代高新技术进行产品的设计与开发，实现产品内部各组成部分的合理匹配，从而提高产品质量和生产效率。

机电液一体化系统最本质的特征是一种机械，但又不同于一般的机械，是在机构的主功能、动力功能、信息与控制功能上引进了电子技术，并与软件有机结合而成的一种特殊的机械系统。从功能上讲，是用于完成包括机械力、运动和能量流等多动力学任务的机械和机电部件相互联系的系统。机电液一体化系统是一个完整的系统，强调各种技术的协调和集成，各部分之间是有机结合而不是简单拼凑和堆积。机电液一体化系统综合运用了机械工程、控制系统、电子技术、计算机技术和电工技术等多种技术，机电液一体化系统的执行机构扩展到了广义执行机构，即包括驱动元件和执行机构子系统。机电液一体化系统具有跨学科性、集成性、融合性、复杂性。机电液一体化系统的最终目的是实现可控的运动行为。它是充分利用电子计算机的信息处理和控制功能、利用可控驱动元件特性的现代机械系统。工程机械的机、电、液三部分所构成的组合体要能称作一体化系统必须具备三大功能:一是能够检测、识别工作对象和工作条件;二是可以根据检测、识别结果和工作目标,自行做出下一步动作的决策;三是要有响应决策、执行动作的伺服机构。

二、工程机械机电液一体化技术的内容

工程机械是以内燃机作动力源在野外进行自行式作业的机械设备。它由动力装置、传动装置、行走装置、工作装置和操纵装置组成。这五部分实现一体化,将促进整机性能的提高。工程机械机电液一体化技术的主要内容包括如下几个方面:(1) 整机电子控制,如电液传动及操纵控制、仿行控制、远距离控制、无线遥控及智能控制等;(2) 发动机电子控制,如燃油喷射、发动机工况和电控泵的监测与控制、冷却系统和润滑系统的检测与保护等;(3) 行走系统的电子控制,如自动调速、恒速控制、全轮独立自动转向、直线行驶控制、功率分配控制等;(4) 工作装置的电子控制,如自动找平,自动料位控制,自动调频、调幅等。

1. 传感器与检测技术

随着信息时代的到来,国内外已将传感器技术列为优先发展的科技领域之一。国家标准 GB7665—87 对传感器下的定义是:"能感受规定的被测量并按照一定的规律转换成可用信号的器件或装置,通常由敏感元件和转换元件组成。"传感器是一种检测装置,能感受到被测量的信息,并能将检测感受到的信息,按一定规律变换成为电信号或其他所需形式的信息输出以满足信息的传输、处理、存储、显示、记录和控制等要求。它是实现自动检测和自动控制的首要环节。人们通常将能把非电量转换为电量的器件称为传感器。传感器实质上是一种功能块,其作用是将来自外界的各种信号转换成电信号。如果没有传感器对原始参数进行精确可靠的测量,那么无论是信号转换、信息处理或者最佳数据的显示和控制都将无法实现。传感器技术是现代信息技术的主要内容之一,现代信息技术包括计算机技术、通信技术和传感器技术。工程机械上采用的传感器,要求具有很高的灵敏度、抗干扰性、高稳定性。另外,其对强度、抗冲击性、气候适应性、可靠性诸方面也有比室内机械设备更高的要求。此外,按工程机械的作业特点还要求传感器具有耐磨、密封良好的性能。车用传感器精度要求一般在 40～125 ℃范围内变化低于 1%,为此,一方面可以开发适应这一温度范围的传感器;另一方面,可充分利用高度发达的电子器件将微控制器用作为固态传感器的配套部件,以实现温度补偿线性化和标准化。

2. 信号处理和 I/O 接口技术

信号是信息的表现形式,信息则是信号的具体内容。电子技术和电子电路技术已发展成为以微处理器为中心的硬、软件相结合的计算机技术。可将传感器检测出来的各种信息存贮、运算、逻辑分析、判断、变换，进而向执行机构发出控制指令，若加入自诊断功能，便可实现产品的智能化。I/O 接口技术的优点是现实信息全部准确、可靠地在系统中传输，同时还可通过显示、应答、音响等实现人机交互。工程机械机电液一体化产品，通过计算机(单片机)进行数据采集、传递和处理，其运行速度极快，这就要求有实现信号变换和电平转换的电子线路，即接口电路。

3. 故障自诊断技术

采用机电液一体化技术的新型工程机械，具有噪声低、燃料费用低，操纵人员疲劳度小、生产率高等优点。但机器发生故障是难以预料的。一方面，机器结构越复杂，由人工查明故障的过程也就越困难，对维修技术人员的要求也越高，给维修工作带来了严重障碍；另一方面，电子控制系统的安全容错处理，不能因为电子控制系统自身的突发故障导致车辆失控而不能正常运行。针对这种情况，在工程机械上增加故障自诊断功能模块，使它能够在工程机械运行过程中不断监测电子控制系统各组成部分的工作状况，如有异常，可根据特定的算法判断出具体的故障，维修人员可以利用故障自诊断功能快速对故障进行定位和修复。

工程机械电子故障诊断装置包括：(1) 对发动机及液压传动系统的油液自动进行金属微粒含量分析的仪器；(2) 探测故障和金属磨耗产生原因的原子光谱吸收仪；(3) 用于检测润滑油与液压油品质从而确定油品更换期的红外线分光光度仪；(4) 预先在计算机中贮存发动机、液压泵或变速箱正常工作的振动波形，与实测信号进行比较并自动判断是否产生异常波形的振动分析仪；(5) 对机器结构件进行超声波探伤的仪器等等。

三、机电液一体化全面提高了工程机械的性能

1. 提高了作业质量和精度

机电液一体化技术用于工程机械后，可使其性能明显提高一大步，实现了原先机械难以完成的微调操作，如推土机和挖掘机的自动适应作业、激光自动调平作业、自动变速和自动换挡等。这些功能不但能大幅度地提高推土机和平地机进行大面积作业时的平整精度，而且也极大地减轻了操纵人员的劳动强度。另外，根据工作现场环境的需要还可实现无人驾驶和远距离作业，如激光导向的推土机和隧道挖掘机、水下挖掘机和推土机、海底机器人、无线电遥控推土机、危险矿区无人驾驶自卸汽车等。

2. 节约能源，提高效率

现代工程机械的工作装置多采用液压传动。若采用了机电液一体化技术以后，通过对液压系统的自动负荷控制，充分有效地利用发动机的输出功率，合理分配液压油的流量以适应外载荷和操作的需要，既能防止作业液压泵超负荷，又能防止发动机因工作负荷过大而熄火或离合器打滑而造成的严重磨损。当然，发动机的冷却风扇转速也可随机体温度的变化自动控制，以确保发动机的热效率稳定在最佳指标,实现节能。另外,还可装设电子燃料控制系统、电子节能液压系统以降低能耗、提高效率和使用寿命。如发动机燃油消耗率低于 230 g/(kW · h),平均热效率高达 45%以上,使用寿命高达 10 000 h 以上。

3. 提高了可靠性和安全性

应用电子故障自诊断装置,工程车辆可进行状态自动监测和故障自动诊断。若机器运行参数超过规定的安全界线,就会启动声光报警系统,在故障发生前使操纵人员获得必要的信息,及时对机械进行维修,防止更大故障甚至事故的发生。当要出现危及人身安全和设备重大故障时,可立即报警并自动停机,防止事态蔓延和恶化。

第二节 企业内机动车的发展趋势

一、新技术、新产品、新材料的运用

近几年来,国外工程机械产品以信息技术为先导,在发动机燃料燃烧与电控、液压控制系统、自动操纵、可视化驾驶、精确定位与作业、故障诊断与监控、节能与环保等方面,进行了大量的研究,开发出许多新结构(或系统)和新产品,提高了工程机械的高科技含量,促进了工程机械的发展,现简单介绍如下。

1. 计算机辅助铲土运输技术与 GPS(全球定位系统)

美国的卡特彼勒公司将其雄伟计划命名为采矿铲土运输技术系统(METS)。METS 包括多种多样的技术产品,如无线电数据通信、机器监测、诊断、工作与业务管理软件和机器控制等装置。由以下三部分组成:(1) 计算机辅助铲土运输系统(CAES)。包括机载计算机、cm 级 GPS 微波定位和高速无线电通信三项技术。在运行中,机载系统通过无线电接收整个无线网络中的铲土运输数据、工程数据或现场规划数据。这些数据都显示在驾驶室内的一个屏幕上,司机在驾驶室内能直观了解机器的作业位置,并准确地判断需要挖掘、回填或装载的土方量。(2) 关键信息管理系统(VIMS)。VIMS 监测机器中极其关键的性能与作业参数,并通过无线电将数据从该机器传送至业主办公室,立即分析数据以便估量机器的当前状态,或加以收集和整理,显示机器的作业趋势。(3) CAES office 软件。该软件与来自装有 CAES 的机器的数据相结合,产生一个集成的现时作业模型,使业主能在接近实时条件下对现场或远处监控各种作业。

2. 推土机定位系统与虚拟推土

目前,卡特彼勒公司、模块采矿系统公司、Leica 和 Trimble 公司均可独立提供基于 GPS 的推土机定位系统,大大提高了推土机的作业生产率。卡特彼勒公司的 DOZSIM 1.5 是一种极易使用的计算机程序,可计算推土机的作业生产率。该软件包与 Windows 兼容,采用 3D 模拟技术分析推土机距离、坡度、工场设计参数,

并可输出总土方量(压实的或松散的)、每趟移走的土方量、每小时移走的土方量、每趟总耗时、每趟总成本、总系统生产率等大量信息，且计算精度高于CAD系统。Leica采用GPS技术的Dozer2000导航系统，在无需勘察标桩的情况下，允许司机精确地控制推土机的铲刀和机器的位置，实现虚拟推土作业。模块采矿系统公司的推土机定位系统能帮助司机完成坡道推土任务，其驾驶室内安装有图像控制台，向司机显示机器在作业区内的位置，并实时显示关键作业参数，如铲刀角度或被移动的土方体积等。Trimble公司的产品是Site Vision GPS，可实现坡度的精确控制，驾驶室内可视化显示系统指导司机精确作业，精度可达cm级。

3. 装载机的新技术与新结构

为了提高装载机的作业生产率，自20世纪90年代以来，各生产厂商在广泛采用新技术、新结构的同时，经过不懈努力，相继研制出许多超强功能的系统，现列举如下：

(1) 行驶平稳性控制系统——在动臂举升油缸液压回路中增加一个蓄能器，以衰减工作装置在机器行驶过程中产生的振动，减少装载机的颠簸。

(2) 附着力控制系统——在每个车轮上安装一个速度传感器，自动将所需的制动力施加到车轮上，并将扭矩传给与之相连的车轮，以便装载机直线行驶和转向。

(3) 动力电子控制/管理系统——根据传动装置和液压系统的工作状态，自动调节发动机输出功率，以满足不同作业工况的需要，提高燃料的经济性。

(4) 发动机自动控制系统——当装载机处于非作业工况时，自动降低发动机转速，减少燃料消耗及发动机噪音。

(5) 关键信息显示/管理系统——采用网络通讯技术，在办公室的控制中心实时监控装载机的作业状态，据此向司机提供基于文字提示的精确的故障诊断信息。

(6) 转向变速集成控制系统——取消传统的方向盘和变速杆，将转向与变速操纵装置集成为一个操纵手柄，并采用简单的触发式方向控制开关和选挡用的分装式加速按钮，利用肘节的自然动作左右扳动操纵杆，实现转向，还可利用大拇指选择按钮，实现前进与后退、加速与减速行驶。

(7) 销轴润滑系统——能为工作装置上的所有销轴提供为期200 h的润滑服务，并使销轴的润滑作业易于完成。

(8) 舒适驱动控制系统——其目的是提高司机的舒适性，帮助长时间进行作业的司机减轻疲劳，保持作业效率。

(9) 负载感应变速系统——根据负载状态，自动调节车速及发动机飞轮扭矩，实现高速、小扭矩或低速、大扭矩的动力输出。

(10) 计算机故障诊断系统——通过控制面板上的指示灯、听觉与视觉相结合的报警信号，提醒司机可能潜在的故障隐患。司机只管全神贯注地工作而无需不断查看仪表读数。

(11) 负载自动稳定器——采用一对钢膜氮气蓄能器，安装在前车架中，与工作装置液压系统连通。当作业或低速行驶时，系统自动断开；当车速超过 4.8 km/h 时，由电子速度开关控制的电磁阀自动开启，蓄能器吸收工作装置液压系统的振动与冲击载荷，提高了操作的稳定性、安全性和舒适性。

(12) 自动运输控制系统——降低机器在凹凸不平路面上的振动，提高驾驶舒适性和作业效率。JCB 公司 456BZX(18 t)安装了此系统，最高车速达 38 km/h。

(13) 燃油/空气比例控制系统——提高燃料的利用率，确保发动机排出的废气符合环境控制法规要求。

(14) 计算机监控/管理系统——连续监控、管理装载机上数十项性能指标参数，在遇到突发或紧急情况时，很容易通过液晶仪表显示、听觉与视觉相结合报警信号，提醒驾驶人员注意。

(15) 装载量称量系统——自动称量并显示铲斗的净装载量，测量误差小于 3%。

(16) 面板控制系统——采用声、光、电及数字显示的控制面板，实现装载机仪器与仪表的报警与监控。

(17) 油泵电子管理系统——自动监控油泵的运行状态。

(18) 柴油发动机先进管理系统——燃油喷射控制及维护发动机最佳性能的电子控制模块，亦可与监测系统进行通信，当发生故障时提醒司机注意。Cat 3516B 型发动机装备有此模块。

(19) 先进的转向系统——替代传统的方向盘和控制手柄。

二、发展趋势

在各类工程机械上广泛应用微电子技术与信息技术，完善计算机辅助驾驶系统、信息管理系统及故障诊断系统；采用单一吸声材料、噪声抑制方法等消除或降低机器噪音；通过不断改进电喷装置，进一步降低柴油发动机的尾气排放量；研制无污染、经济型、环保型的动力装置；提高液压元件、传感元件和控制元件的可靠性与灵敏性，提高整机的机－电－液一体化水平；在控制系统方面，广泛采用电子监控和自动报警系统、自动换挡变速装置；在精确挖(铲)、装、载、运作业的工程机上安装 GPS 装置与重量自动称量装置；开发特种用途的机器人式工程机械等。

1. 系列化、特大型化

系列化是工程机械发展的重要趋势。国外著名大公司逐步实现其产品系列化，形成了从微型到特大型不同规格的产品。与此同时，产品更新换代的周期明显缩短。所谓特大型工程机械，是指其装备的发动机额定功率超过 746 kW (1 000 hp)，主要用于大型露天矿山或大型水电工程工地，其特点是科技含量高，研制与生产周期较长，投资大，市场容量有限，市场竞争主要集中在少数几家公司。

以装载机为例，目前仅有马拉松·勒图尔勒、卡特彼勒和小松—德雷塞这三家公司能够生产特大型装载机。

2. 多用途、微型化

为了全方位地满足不同用户的需求，国外工程机械在朝着系列化、特大型化方向发展的同时，已进入多用途、微型化发展阶段。推动这一发展的因素首先源于液压技术的发展——通过对液压系统的合理设计，使得工作装置能够完成多种作业功能；其次，快速可更换连接装置的诞生——安装在工作装置上的液压快速可更换连接器，能在作业现场完成各种附属作业装置的快速装卸及液压软管的自动连接，使得更换附属作业装置的工作在司机室通过操纵手柄即可快速完成。一方面，工作机械通用性的提高，可使用户在不增加投资的前提下充分发挥设备本身的效能，能完成更多的工作；另一方面，为了尽可能地用机器作业替代人力劳动，提高生产效率，适应城市狭窄施工场所和货栈、码头、仓库、舱位、农舍、建筑物层内和地下工程作业环境的使用要求，小型及微型工程机械有了用武之地，并得到了较快的发展。为占领这一市场，各生产厂商都相继推出了多用途、小型和微型工程机械。如卡特彼勒公司生产的IT系列综合多用机、克拉克公司生产的"山猫"等。

3. 电子化与信息化互动

以微电子、Internet为重要标志的信息时代，不断研制出集液压、微电子及信息技术于一体的智能系统，并广泛应用于工程机械的产品设计之中，进一步提高了产品的性能及高科技含量。LeTourmeau集成网络控制系统便是一例。通过显示在机载计算机屏幕的出错信息，提示司机出错原因，并采用三级报警灯光信号（蓝、淡黄、红）表示发动机、液压系统、电气和电子系统的各种状态。目前，该系统已安装在L1350型矿用装载机上。

4. 不断创新的结构设计

以装载机为例，工作装置已不再采用单一的"Z型"连杆机构，继出现了八杆平行结构和TP连杆机构之后，卡特彼勒公司于1996年首次在矿用大型装载机上采用了单动臂铸钢结构的特殊工作装置，即所谓的"Versa Link机构"。这种机构替代综合多用机上的八杆平行举升机构和传统的"Z型"连杆机构，可承受极大的扭矩载荷并具有卓越的可靠性（耐用性），驾驶室前端视野开阔。O&K公司研制的创新LEAR连杆机构，专为小型装载机而设计。Schaeff公司于2000年3月在Intermat展览会上展出的高卸位式SKL873型轮式装载机的可折叠式创新连杆机构工作装置，进一步丰富了轮式装载机的工作装置种类。

5. 安全、舒适、可靠

驾驶室将逐步实施工程车辆翻车（ROPS）和落物保护装置（FOPS）设计方法，配装冷暖空调。全密封及降噪处理的"安全环保型"驾驶室，采用人机工程学设计的司机座椅可全方位调节，采用功能集成的操纵手柄、全自动换挡装置及电子监控与故障自诊断系统，以改善司机的工作环境，提高作业效率。大型工程机械安装有闭路监视系统以及超声波后障碍探测系统，为司机安全作业提供音频和视频信号。微机监控和自动报警的集中润滑系统，大大简化了机器的维修程序，缩短了维修时间。如卡特彼勒公司的 F 系列装载机日常维修时间只需 3.45 min。目前，大型工程机械的使用寿命达 2.05 万 h，最高可达 2.5 万 h。

6. 节能与环保

为提高产品的节能效果和满足日益苛刻的环保要求，国外工程机械公司主要从降低发动机排放、提高液压系统效率和减振、降噪等方面入手。目前，卡特彼勒公司生产的功率为 15～150 kW 的柴油发动机，其中 6 缸、7.2 L、自重 588 kg、功率为 131～205 kW 的 3126B 型环保指标最好，满足 EPATierⅡ和 EUStageⅡ排放标准。卡特彼勒 3516B 型发动机装有电子喷射装置及 ADEM 模块，可提高 22% 的喷射压力，便于燃油完全、高效燃烧，燃烧效率可提高 5%，NO_x 下降 40%，扭矩增加 35%。个别厂家生产的工程机械产品，机外噪声已降至 72 dB。绿色环保型工程机械理念已经显露，人机工程学、无污染绿色施工等已成为人们的共识。

第八章　企业内机动车的事故管理

近年来机动车的数量大幅上升，而机动车驾驶员的安全使用水平和管理者的管理水平并没有同步提高，每年机动车事故导致的死亡人数占总的安全生产事故死亡人数的90%左右。企业内机动车运输伤害事故约占企业工伤事故的25%左右。事故损失惨重，给人民的生命和财产安全带来了极大的威胁，严重影响了国民经济的健康发展。因此我们要根据事故处理"四不放过"的原则，认真分析事故产生的原因，进行严肃认真的处理，积极探讨事故的规律，进行科学管理，减少安全事故的发生。

第一节　事故原因分析

一、车辆事故的定义

机动车辆在公共道路上或在厂区行驶过程中，发生车辆碰撞、轧辗、刮擦、翻车、坠车、爆炸、失火等事故，造成人畜伤亡、车辆损坏或其他经济损失，称为车辆伤害事故。

停车后装卸时发生的事故不属于车辆事故。

二、车辆事故的种类

1. 按事故严重程度可分为五类

(1) 轻微事故：轻伤1～2人，损失不足1 000元；

(2) 一般事故：重伤1～2人或轻伤3人以上，损失不足3万元；

(3) 重大事故：死亡1～2人或重伤3～10人，损失3～6万元；

(4) 特大事故：死亡3人以上，或重伤11人，或死1人、重伤8人，或死2人、重伤5人，或损失6万元以上的；

(5) 特别重大事故：造成群死群伤、重大损失或社会影响恶劣的恶性事故。

2. 按事故类别分四类

(1) 车辆伤害事故：车辆碰撞、刮擦、翻车、轧辗、挤压等；

(2) 物体打击事故：搬运、装卸、堆垛作业中造成物体打击；

(3) 高处坠落事故：从2米以上车辆或货物上坠落；

(4) 火灾、爆炸事故：在运输、搬运、装卸、堆垛过程中发生火灾、爆炸。

(5) 其他事故(含车辆机务事故)。

3. 按事故时车辆的运动形式划分

按事故时车辆的运动形式可分为：超车事故、会车事故、掉头事故、倒车事故、停车事故、行驶事故。

三、车辆事故分布状况

(一) 车辆事故要素

车辆事故由六个要素构成，即人员、车辆、道路、运动、事态、后果(表 8-1)。在这六个要素中人员是导致事故发生的主要因素。据有关统计资料显示，90%以上的事故是人为因素造成的，而 70%以上的事故是驾驶员的原因造成的。

表 8-1　车辆事故构成要素

要素名称	内　容
人　员	指造成事故的责任人员(机动车驾驶员、非机动车驾驶员和行人)
车　辆	包括机动车、非机动车
道　路	指公用道路以及厂区内道路
运　动	指发生事故时的运动状态
事　态	指车辆必须发生碰撞、碾压、翻车等事态，含乘客被意外伤害
后　果	指事故必定造成后果：财产损失、人员伤亡、环境污染等

(二) 车辆事故分布

1. 人员及受伤部位构成分布

年龄分布：18～25 岁占 25%，25～40 岁占 32.5%。

受伤部位：头部占 12.5%，手臂占 23.4%，躯体占 19%，腿、脚占 45.1%。

2. 事故时的车辆状态分布

(1) 车辆行驶中：　44%

(2) 车辆装卸作业：　23%

(3) 车辆检修：　7.9%

(4) 非驾驶员驾车：　16.5%

(5) 其他类型事故：　8.6%

3. 车辆事故时间分布

车辆事故与季节、时间段关系很大。春、夏季节事故较多，俗话说：春困秋乏夏打盹。因为人容易疲劳、反应迟钝而引起事故。另外，每天 7 时至 15 时半和凌晨时分的事故最多，占事故的 59%。

四、事故原因分析

(一) 综合分析

事故原因是多方面的，有管理者的原因、作业者的原因、设备的原因及制度方面的原因，综合分析主要有以下四个方面。

1. 盲目操作

盲目操作是安全作业的大敌，往往容易发生安全事故。产生盲目操作的根源是认为企业内机械操作简单、速度慢又在企业内作业或行驶，不会出现问题。要知道企业内车辆运输作业是安全驾驶和“作业”合二为一的安全，更强调的是起重、搬运、装卸、堆垛等作业的安全，企业内车辆的安全除了与驾驶员的技术水平有关外，还与现场的作业条件、地理条件等密切相关，不是会开车就能操作好企业内车辆进行作业。盲目操作主要表现在：无证上岗，操作证作业的项目与实际操作机械不符，不懂得安全操作规程或不进行知识更新，不及时进行操作证年审或作业时不充分熟悉作业现场条件等等。盲目作业可能导致机械设备损坏、货物受损或作业现场环境受损等，严重的可能引发人身伤亡的安全生产事故。

2. 侥幸心理

企业内车辆驾驶作业人员都存在一定的侥幸心理，尤其是有一定的驾驶经验、安全状况较好以及一些性格、脾气比较急躁的人；还有一些多年没有发生过安全事故或没有亲眼见过安全事故发生过程的作业者，也容易产生侥幸心理；假如领导或指挥者存有侥幸心理，那将更是安全生产的大敌。

侥幸心理容易发生在任务紧急或私自作业、无人监督、临近下班、虚荣心理等状况下。

3. 装备不良

这主要表现在有些企业由于经济方面的原因，车辆该维修保养的没有及时维修保养，尤其是安全部件不齐全或没有效果、车辆带病出车。更严重的是车辆该更新的没有及时更新，超期服役，留下事故隐患。还有的是维修人员的技术水平原因导致维修保养不到位或维修标准不够，而留下事故隐患。

4. 法制不健全

有些企业内部运输的管理制度不健全或内容不全面，有的制度内容可操作性不强，或者有章不循、执行处罚不力，更有甚者领导或指挥者带头违章，导致违章屡禁不止，为事故的发生留下了隐患。

（二）个人原因分析

事故产生的要素分析是多方面的：有人的因素、车辆的因素、道路因素及环境因素等，其中驾驶员或作业者的因素是主要的，占导致事故的70%左右，下面就这方面，做一些探讨。

驾驶作业人员在行车、作业过程中容易发生事故，个人原因主要有以下四个方面。

1. 思想麻痹

主要表现在：驾驶过程中思想放松警惕，注意力不集中，视线散弥，全身懒散放松。思想麻痹一般在以下几种场合和时机中易产生：

(1) 道路和通视条件较好,没有复杂的交通情况。

(2) 长途行车已安全驶近停车场、目的地或者作业接近完成。

(3) 在车场掉头、试车、倒车。

(4) 由复杂道路、环境进入平坦良好的道路、环境。

由城市驾驶进入郊外的等级公路驾驶,夜间行车车稀人少,路面宽敞,车况好,操纵得心应手。

(5) 长时间重复作业且动作简单,容易产生心理疲劳。

(6) 装卸、搬运等作业过程中,抢时间、赶进度,尤其是在接近下班时,忽视安全操作规程。

(7) 施工作业环境变化,未引起足够的重视。

2. 骄傲自满

骄傲自满会使驾驶员忘乎所以,过高估计自己,因而不能正确认识客观事物,目无各种规章制度,做出一些越轨的驾驶动作和行为,导致事故的发生。

产生骄傲自满的时机及表现:

(1) 驾驶车辆一直比较安全顺利,完成任务较好,便感觉自己的技术高明,头脑聪明,听不进别人的劝告和指挥;

(2) 所驾车辆车上有老乡、同学或年轻异性,想在他们面前露一手,尤其是受到他们赞扬时,格外得意,忘乎所以;

(3) 在人多车多的场合下,起步快,回厂时快速急驶,一下将车停在停车点,想以此引起人们的注意和赞扬;

(4) 单独开车或作业,远离领导和单位,行动自由,便觉得无拘无束,自己说了算;

(5) 行驶中被其他车辆超过后不服气,非要紧紧跟上再超过对方才罢休;

(6) 遇到危险地段、情况,非要冒险蛮干,以此来显示自己的驾驶技术、操作水平;

(7) 碰到监管人员或领导批评教育,十分恼火,争辩不让。

3. 斗气赌气

在行车或作业过程中,遇到不顺心或违背自己意愿的事而斗气赌气,把车辆当成发泄自己怨气、向对方报复的工具。

产生斗气赌气的场合及时机:

(1) 会车时;

(2) 超车时前车不让或让车不及时等;

(3) 对方强行超车;

(4) 在单车道或窄桥相遇时,双方没有及时避让,便埋怨对方,不愿倒车让行;

(5) 行人自行车让路不及时,或与汽车抢路时;

(6) 受领导批评指责,尤其批评指责不公正、不合理,使心态失衡;

(7) 车况欠佳,行车中毛病不断。

4. 情绪波动

情绪波动大多数是由思想问题引起的。

情绪波动一般表现为两种倾向,高兴与沮丧。过于高兴或沮丧都会严重影响安全操作。情绪波动使中枢神经处于兴奋或压抑状态。当中枢神经兴奋时,表现为轻率、好动,异想天开,忘乎所以,操作动作和判断情况就不准确。当中枢神经压抑时,驾驶员反应迟钝,动作滞木,两眼呆滞,对危险情况置若罔闻,有时甚至眼睁睁地看着事故发生而不采取任何措施。

在下列场合驾驶员要保持情绪稳定:

(1) 受到上级或相关人员的表扬或批评;

(2) 分配的任务令人满意或失望;

(3) 初恋或失恋时,驾驶员在驾车中想着自己的恋人;

(4) 服用兴奋剂或相关食品、抑制型药物或相关食品;

(5) 家中有喜事或悲事、难事;

(6) 违章、违法或事故被处理时,尤其是认为自己不该被处理或处罚过于严重;

(7) 生物节律的低潮期。

第二节　车辆事故的处理

一、事故处理的原则

事故处理坚持“四不放过原则”。

1. 事故原因不明不放过。

2. 事故责任人没有受到处理不放过。

3. 员工没有受到教育不放过。

4. 没有防范措施不放过。

二、事故的处理

1. 车辆事故现场的处理

车辆事故现场是指发生事故的车辆和伤亡人员以及事故相关的所有痕迹的地点或场所。

事故现场分为原始现场、变动现场、恢复现场、伪造现场。

(1) 原始现场

事故发生后,肇事车辆,伤亡人员及相关物体保持事故发生时的原始状态,这种现场称为原始现场。

(2) 变动现场

因受各种因素的影响,改变了事故发生时的全部或部分原始状态,这种现场称为变动现场。

变动现场是为了抢救伤员或由于车辆消防、救护、工程抢险等执行紧急任务的需要,而不是人为破坏现场。还有的是由于风、雨、雪等自然现象破坏了肇事时的物证或痕迹。

(3) 恢复现场

由于事故分析和定性的需要,将变动过的现场,根据现场勘察记录重新恢复的现场称为恢复现场。

(4) 伪造现场

事故责任者为逃脱罪责或嫁祸于人,自己或唆使他人有意改变事故现场,伪造出与事故原始状态不相符的现场称为伪造现场。

2. 车辆发生事故后,现场人员及车上人员等必须做到的几点

(1) 迅速组织抢救伤员、扑灭现场火灾,尽最大可能减少人员伤亡和财产损失,避免事故进一步扩大。

(2) 立即向有关部门报告。

(3) 保护现场,在现场收集有关事故证据。

第三节　车辆事故的预防

一、建立健全规章制度

企业必须建立健全安全管理规章制度,做到有章可循,有法可依,同时必须使这些制度得到有效的实施。企业制订安全管理规章制度的法律依据有:《中华人民共和国安全生产法》、《中华人民共和国劳动法》、《中华人民共和国道路交通安全法》以及《工业企业厂内铁路、道路运输安全规程》、《机动车运行安全技术条件》等。

二、广泛开展安全宣传教育活动

员工的安全意识只有在不断的宣传教育活动中,才能得到提高。宣传教育活动可以采用多种方式:集中学习、重点教育、图片展览等。

1. 企业制度及安全操作规程的学习,做到人人皆知,提高职工执行的自觉性,增强职工的安全意识和自我保护意识,并形成对企业行车安全管理的监督。

2. 班前安全学习、定期安全学习和集中学习、"重点人员"教育相结合的学习方式。

3. 利用墙报、文字图片、内部网络等形式进行违章、违法的案例教育,并将新技术、新材料、新工艺和企业要求等及时告知员工。

4. 集中收看违章、违法事故录像,使员工受到感性的教育。

5. 大力表彰遵章守法的安全模范,弘扬正气。及时严肃处理违章违法者,将

事故苗头遏止在萌芽状态。

三、加强驾驶员的管理

1. 加强驾驶员的法制教育

经常性的法制教育是驾驶员管理的基础工作，要使驾驶员知道“是什么”的同时，更要知道“为什么”——法律法规为什么这样规定，不这样做的危害是什么。要从根本上解决驾驶员遵守法律法规的自觉性。

2. 加强驾驶员的安全意识和使用技术的教育

较好的安全意识不是一朝一夕就能养成的，必须经过长期的培养与锻炼，只有警钟长鸣，才能使安全意识始终处于清醒状态。

较好的使用技术是安全作业的前提，驾驶员的使用技术主要包括基本使用、应急处理能力，只有主动钻研驾驶技术，才能做到安全驾驶。

3. 注意发现驾驶员的不安全因素

驾驶员的不安全因素包括技术因素、身体因素、思想因素、情绪因素等方面，任何一个疏忽都可能导致事故的发生。

4. 做好“重点驾驶员”的管理工作

“重点驾驶员”指的是有不安全因素或潜在危险因素的驾驶员，将其作为重点监控对象，以预防事故的发生。

在实际工作，对“重点驾驶员”的日常管理是企业安全部门的重要工作之一，要对他们的安全状况进行跟踪，定期或不定期地对他们进行安全意识、安全技术、职业道德等方面的教育，对他们的心理素质包括性格、气质、情绪等进行疏导，培养他们良好的情操、良好的驾驶品德，以利安全行车。

当然，“重点驾驶员”的管理是一个动态的管理过程，在不同的时间段，可能有不同的重点人员，要根据不同人员的动态状态进行确定。

四、驾驶员行车处理险情的原则

1. 遇险情要冷静

遇险的一刹那，驾驶员保持清醒的头脑，是做好避让动作的重要条件，临危不乱，采取正确的避让措施，就可以及时中止事故，或使事故伤害减小到最小。而驾驶员遇险不惊的意志和冷静的头脑，则需要平时的学习、培养和陶冶。

2. 先顾人后顾物

人权大于一切，货物损失了可以重来，所以遇到险情不要向有人的一方让、不要向人多的一方让，宁可货物受损失。

3. 避重就轻

在险情发生时，假如不可避免，应当尽量减轻事故损失。

4. 先方向后制动

根据情况先打方向离开危险中心，有时可以脱离危险。如果方向稍转动迟一点或制动早一点,就会使车辆失去避让的时机和机动能力。必须注意,对一些需要缩短制动距离的险情,应在转动方向的同时,紧急制动,而如果先紧急制动,就会使得方向杆不起作用,导致不能离开危险区域。

5. 先别人后自己

一旦遇到险情,驾驶员本能的反应是保护自己,这时假如有乘客往往会受到伤害,因为乘客往往没有反应的意识,而失去了自我保护的时机。所以,遇到险情驾驶员应当先保护别人后保护自己,以减少事故损失。

第四节　车辆防火技术

一、企业内机动车辆防火防爆的基本概念

机动车辆在驾驶操作和维修过程中,由于操作人员违反安全操作规程、设备故障及缺乏相应的防火防爆知识,存在发生机动车辆的燃料和电器设备着火的可能性。因此,要求企业内机动车辆驾驶员必须掌握防火防爆的基本知识,遵守防火规章制度,避免发生机动车辆的火灾爆炸事故。

(一) 燃烧与火灾

燃烧俗称着火,它是一种放热发光的激烈氧化反应。

1. 燃烧的条件

燃烧必须在可燃物质、助燃物质和着火源这三个基本条件的相互作用下才能发生,即燃烧的条件是可燃物质和助燃物质共同存在,构成一个燃烧系统,同时要有导致着火的火源。

(1) 可燃物质

凡能与氧和其他氧化剂发生剧烈氧化反应的物质,均称为可燃物质。可燃物质按其存在的状态可分为固态、液态和气态可燃物三类;按其组成物质不同可分为无机可燃物和有机可燃物两类。

在机动车辆驾驶操作过程中,经常接触到的可燃物质有:汽油、柴油、机油、油棉纱、木材等。

可燃物质只要在火源作用下,就可以被点燃,而且当火源撤离后,仍然能维持继续燃烧,直至燃尽。因此,控制可燃物质是防火防爆工作的主要研究对象。

(2) 助燃物质

凡是能与可燃物质发生化学反应并且起助燃作用的物质,称为助燃物质。例如空气、氧气等。

(3) 着火源

具有一定温度和热量的能源,或者说能引起可燃物质着火的能源,称之为着火源。常见的着火源有,火焰、电火花、电弧及炽热的物体等。

易燃油料进行燃烧的必备条件,是要有足够的温度和充分的空气。特别是汽油在遇到火星或明火时,会发生燃烧,即使是微小短暂的高温火源完全可能将微量汽油混合气点燃,因为这种火源虽然时间极短和范围极小,但是它具有很高的温度。此外,由于金属碰撞的火星,易燃油料与容器摩擦产生的静电火花等,都可以引起易燃油料的燃烧。有些物质虽然没有产生火焰,但具有足够的温度,同样有点燃汽油、柴油等易燃油料的可能性。甚至有些“暗火”的温度虽然达不到点燃油料的温度,但它的热量却能加速易燃油料的扩散和蒸发,可大大提高易燃油料燃烧的可能性和危险性。

由此可见,可燃物质和助燃物质及着火源构成了燃烧的三个要素,缺少其中任何一个要素,燃烧则不会发生。然而对于已经进行着的燃烧,只要消除其中任何一个要素,燃烧就会停止,这就是灭火的基本原理。

2. 火灾

在生产过程中,凡是超出有效范围的燃烧皆称为火灾。例如在机动车辆维修中,利用电气焊修补油路管或油箱渗漏时,高温电弧或金属熔渣将周围的可燃物(汽油、柴油、油棉纱等)引燃,从而使车辆烧毁,导致人员烧伤等,这就是超出了电气焊作业的有效范围。

3. 燃烧类型

燃烧可分为闪燃、着火、自燃等类型。

(1) 闪燃与闪点

各种液体表面都会产生一定量的蒸汽,蒸汽的浓度则取决于该液体的温度。液体温度越高,蒸汽亦越多。在正常温度下,可燃液体表面或容器内的蒸汽与空气混合后,形成可燃混合气体或可燃液体,遇到着火源而发生一闪即灭的瞬间火苗、闪光的燃烧现象,称为闪燃。除了可燃性液体以外,某些能蒸发的固体,如石蜡、樟脑、茶等,其表面上所产生的蒸汽达到一定浓度与空气混合而成为可燃混合气,若与明火接触,也能出现闪燃现象。

引起闪燃的最低温度,称为闪点(闪点的概念主要适用于可燃性液体)。在可燃性液体温度高于其闪点时,则随时都有被火点燃的危险。当可燃性液体温度低于闪点时,蒸发速度较慢,所蒸发出来的蒸汽仅能维持短时间的燃烧,不能提供足够的蒸汽补充维持稳定的燃烧。也就是说,在闪点的温度时,燃烧的仅仅是可燃性液体所蒸发的那些蒸汽,并不是液体能够燃烧,即还没有达到使液体能燃烧的温度,所以可燃性液体会发生一闪即灭的闪燃现象。

不同的可燃性液体有不同的闪点,闪点越低,其火灾危险性则越大。所以,闪点又是评定可燃性液体火灾危险性的主要依据。常用的几种易燃油料的闪点值如表8-2所示。

表 8-2 常用油料的闪点值

名称	汽油	纯酒精	柴油	煤油	机油	齿轮油
闪点/℃	-58~10	12	>50	28~45	>185	>180
闪点/K	215~283	285	>323	301~318	>458	>453

(2) 着火与燃点

所谓着火,就是可燃物质与火源接触而燃烧,并且在火源撤离后仍然能保持继续燃烧的现象。可燃性物质发生着火的最低温度,称为着火点或燃点。

可燃液体的闪点与燃点的区别是,在燃点时燃烧的不仅是蒸汽,还有液体(即液体已达到燃烧温度,可提供保持稳定燃烧的蒸汽);移动火源后,在闪点时闪燃,而在燃点时则能连续燃烧。

控制可燃物质的温度在燃点以下,是预防发生火灾的措施之一。

(3) 自燃点与受热自燃

可燃物质受热升温,无需明火作用而发生自行着火的现象,称为自燃。自燃点是指可燃物质(不论是固态、液态或气态)在没有外部火源的条件下,能自动引燃和继续燃烧的最低温度。

可燃物质由于外界加热,温度升高,当达到其自燃点时,即出现着火燃烧的现象,称为受热自燃。

物质的自燃点越低,发生火灾的危险性则越大。物质受热自燃也是发生火灾事故的重要原因之一。从火灾事故案例中分析可知,许多火灾事故是因可燃物质受热自燃所引起的。因此,掌握可燃物质的自燃点,对防火工作有着极其重要的作用。在机动车辆驾驶和维修中,常用油料的自燃点分别是:汽油 698~803 K(425~530 ℃)、煤油 513~563 K(240~290 ℃)、柴油 623~653 K(350~380 ℃)等。

(二) 爆炸

爆炸,是物质在瞬间以机械功的形式释放出大量气体和能量的现象。爆炸可分为物理性爆炸和化学性爆炸两大类。

1. 物理性爆炸与化学性爆炸

物理性爆炸,是由于物理变化(温度、体积和压力等因素)引起的。例如蒸汽锅炉的爆炸,其原因是过热的水迅速蒸发出大量的蒸汽,并且蒸汽压力超过锅炉强度的极限而引起的爆炸,其破坏程度取决于锅炉蒸汽压力。发生物理爆炸的前后,爆炸物质的性质及化学成分均不改变。

化学性爆炸,是由于物质在极短时间内完成化学反应,形成其他物质,同时放出大量热量和气体的现象。在发生化学性爆炸时还会产生强大的冲击波,这种冲击波不仅能推倒建筑物,对在场人员还具有杀伤作用。化学性爆炸的实质是高速燃烧。化学反应的高速度、同时产生大量气体和热量，是化学性爆炸的三个基本要素。

发生化学性爆炸的物质，按其特性可分为两类：一类是炸药；另一类是可燃物质与空气形成的爆炸性混合物。

可燃性物质发生化学性爆炸必须同时具备三个基本条件：一是可燃物的存在；二是可燃物与空气等氧化剂混合并达到爆炸极限，形成爆炸性混合物；三是达到爆炸极限的混合物在火源作用下。控制三个条件的同时存在，是预防可燃物质发生化学性爆炸的基本原理。

2. 爆炸极限

可燃性物质与空气的混合物，在一定的浓度范围内才能发生爆炸。可燃物质在混合物中发生爆炸的最低浓度，称为爆炸下限；反之，则为爆炸上限。在低于下限和高于上限的浓度时，遇明火不会发生着火爆炸。爆炸下限和爆炸上限之间的范围，称为爆炸极限（又称爆炸范围）。

爆炸极限一般用可燃气体或蒸气在空气或氧气混合物中的体积百分数来表示，有时也用单位体积气体中可燃物的含量来表示（g/m^3）。爆炸性混合物的温度、压力、含氧量及火源能量等数量的增大，都会使爆炸极限范围扩大。从爆炸极限的范围大小，可以评定可燃气体、蒸气的爆炸危险性。爆炸下限较低的可燃气体、蒸气，危险性较大；爆炸极限的范围越宽，则危险性越大。常用几种油料的爆炸极限：汽油 1.0%～6.48%、煤油 1.4%～7.5%、柴油 1.5%～3.5%。

可燃性液体如汽油的闪点低，在室温条件下能够蒸发出较多的可燃性蒸气；而闪点高的可燃性液体在加热升温超过闪点时，同样也能产生较多可燃性蒸气。由于可燃性蒸气与空气混合后的浓度往往能够达到爆炸极限，所以机动车辆在使用过程中，要严格防止跑、冒、滴、漏的现象存在，同时必须采取有效的安全防护措施，严禁明火。

（三）灭火的基本方法

1. 冷却法

将灭火剂直接喷射到燃烧物上，使燃烧物质的温度降低到燃点以下，中止燃烧；或者将灭火剂喷洒在火源附近的物体上，使其不受火焰辐射热的威胁，避免形成新的火点。

2. 隔离法

将火源或其周围的可燃物质撤离或隔开，于是燃烧会因隔离可燃物而停止。

3. 窒息法

阻止空气流入燃烧区或用不燃烧物质冲淡空气，使燃烧物质得不到足够的氧气而熄灭。

4. 中断化学反应法

使灭火剂参与到燃烧反应过程中去,让燃烧过程中产生的游离基消失,而形成稳定分子或低活性的游离基,从而使燃烧的化学反应中断。

二、厂矿内机动车辆的防火技术要求

(一)机动车辆发生火灾的原因

可燃物质和火源的存在是企业内机动车辆发生火灾的主要因素。例如:车辆使用的燃油及部分防冻液,均属于易燃烧的液体物质。由于车辆的燃油(汽油、柴油)、防冻液或电器设备的短路等原因导致的火灾,又会引起机动车辆本身的可燃物质如轮胎、油漆、车厢及装载货物的燃烧,从而造成了车辆的火灾事故。

常用各种易燃油料的易燃特性如表 8-3 所示。

表 8-3 汽油、柴油、煤油特性

	汽油	柴油	煤油
易燃液体级别	一级	三级	二级
闪点/℃	−58～10	60～110	28～45
密度/g·m^{-3}	0.67～0.71	0.8～0.87	0.83
沸点/℃	50～150	280～365	150～300
自燃点/℃	415～530	350～380	240～290
爆炸极限/%	1.0～6.48	1.5～3.5	1.4～7.5
燃烧值/10^6J·kg^{-1}	42.7～46.2	42.8	41.5～46.5

(二)车辆防火和防化学伤害安全技术要求

1. 车辆在加注燃油时防火安全要求

(1) 工作人员的工作服必须穿戴整齐,不准戴手套,周围禁止烟火。

(2) 车辆加注燃油时,必须将发动机熄火。

(3) 加注燃油时,不准检修和调试发动机,不准在注油容器附近进行锤击和磨削作业。

(4) 应用扳手旋拧油桶螺塞,不允许用铁器敲击和刮擦汽油容器。

(5) 禁止在雷雨天气及高压电源线下加注燃油。

(6) 严禁使用各种容器或其他自流方式向发动机上的化油器内加注燃油。

2. 车辆检修时防火和防化学伤害的安全要求

(1) 搬运和安装蓄电池应平稳,以免电解液溅出。

(2) 严禁在气缸外随意试火和“吊火”。

(3) 严禁用高压线“燃缸”。

(4) 严禁用划火法检查蓄电池电压的高低。

(5) 严禁用短路法进行划火，检查电路导线通断情况。

(6) 不准用火柴、打火机等明火照明检查油箱油量及燃油渗漏的管路，在车辆周围应尽量少用或不用各种火源。

(7) 当发动机上的化油器发生回火时，应立即停车检查调整，故障未排除之前不得行驶。

(8) 严禁使用汽油等易燃物品擦拭车辆、清洗零部件、烘烤车辆和烧热水。清洗后的废油不准随意乱倒，应倒入指定回收地点。

(9) 清洗发动机时，必须切断电瓶线路。

(10) 发现油路管道或油箱渗漏，在紧急情况下可以用锡焊暂时补漏，一般情况下应把油箱或油管拆下，在排尽和挥发尽或清洗残余汽油后进行焊接。

(11) 严禁将各种盛装汽油的容器放入驾驶室内。

(12) 坚持三级动火管理制度。

(13) 空气滤清器要紧固，防止脱落时机油洒在排气管处引起火灾。

(14) 导线要保持横平竖直卡子化，不得随意拉线，以免绝缘破损引起火花。

(15) 车辆电器设备用线，要采用标准规格合格产品线，防止导线过细或其他质量问题，造成导线过热引起着火。

(16) 发生车辆事故时，在抢救被困在车内人员的同时，要及时采取有效措施切断电瓶电源，以免产生火花引起车辆着火。

3. 静电的安全要求

(1) 严禁用丝绸和毛毯等物过滤油料。

(2) 车辆行驶时和加注燃油时尽量减少油料冲击和摩擦。

(3) 往油罐汽车装油时，输油管应插入油面以下或按到油罐底部。

三、车库及作业场所防火安全技术要求

1. 应有良好的通风设施。

2. 车库及作业场所内严禁烟火。

3. 库内禁止明火作业及明火照明，不得用明火炉直接取暖。必要时，可用暖气或火墙式火炉取暖。火墙式火炉取暖不得用于装载易燃易爆物品的车辆。

4. 车辆进入易燃易爆场所作业时，车辆的排气管必须安装火星熄灭器，防止火星飞溅，造成火灾。

5. 放装运易燃易爆液体和液化石油气槽车的库房，其电器设备应符合防爆的要求。

6. 载有漏油的桶装汽油、柴油或车辆油箱漏油时，车辆不准进入车库。

7. 车辆进入库房后，应检查未熄灭的火种和切断电瓶电源。

8. 库内不准存放汽油、柴油等易燃物品，油棉纱(布)要集中存放在加盖的铁桶内，并及时处理。

9. 车库及作业场所必须设有明显的安全标志及消防器材。

10. 坚持三级动火作业审批制度。

四、常用灭火器材的性能和使用方法

企业内的机动车辆、车库及作业场所，按规定应携带和配备必要的消防器材，常用的灭火器材有：二氧化碳灭火器、干粉灭火器、1211 灭火器等。这些常用灭火器的性能和正确的使用方法如表 8－4 所示。

表 8－4　常用灭火器的性能和正确使用方法

灭火器种类	药　剂	用　途	使用方法	检查方法
二氧化碳灭火器	压缩成液态的二氧化碳	扑灭电器、精密仪器、油类及酸类火灾	一只手将喇叭筒口对准火苗，另一只手打开开关。	每月测量一次，当小于原质量的 9/10 时，应补充。
干粉灭火器	钾盐或干粉，并备有盛装压缩空气的钢瓶	扑灭电器设备火灾、旋转电机火灾、石油产品、液化有机溶剂、天然气和天然气设备火灾。	提起圆环，干粉即可喷出。	每年检查一次干粉是否受潮或结块。小钢瓶内的气体压力每半年检查一次，如果质量减少 1/10 时，应换气。
1211 灭火器	二氟一氯一溴甲烷，并充装压缩空气	扑灭油类、电器设备、化工化纤原料等的初期火灾。	按下铅封和保险销，用力紧压把手开关。	每年检查一次质量

五、灭火时的注意事项

1. 油类着火禁止用水扑救。因为油的密度小于水，燃烧的油类易漂浮水面蔓延，要用二氧化碳灭火器扑救。

2. 电器设备、线路等着火时，禁止使用水扑救。因为水是导电体，会造成触电事故，也会使电器短路烧毁，应使用二氧化碳灭火器或干粉灭火器，灭火时先切断电源。

3. 气体着火时，应先切断气源，用二氧化碳和干粉灭火器灭火。

六、行驶中的车辆着火处理“七要七不要”

1. 发现行驶中的车辆冒烟、着火，先要使发动机熄火，停车、断电，关闭油门、百叶窗，如在平路上不要拉手刹。

2. 客车着火立即打开车门让乘客下车，不要自己弃车逃跑。

3. 根据火势，迅速扑救：利用灭火器、衣服浸水后覆盖或利用黄沙、冰雪等覆压，同时向路过司机求救，不要听任火势蔓延。

4. 车上的贵重物品要转移，不要只顾灭火，忘了贵重物品。假如贵重物品比整车贵重，应先抢救物品。

5. 撞车、翻车事故引起火灾，要先抢救伤员，视情况灭火。如火势危及周围民房、电线，要先想到隔离火场，防止火焰蔓延，救人第一，灭火第二，不要只顾救火忘了救人，及时拦车送伤员去医院。

6. 发生火灾，要组织群众灭火，同时注意保护自己：要保护皮肤，用毛巾等保护脸部、头部，不穿化纤衣服，防止着火时沾在身上，引起身体严重烧伤。

7. 要用毛巾、口罩堵住口鼻，保护好呼吸道，以免烟气烧伤，不要在火焰中张口大量呼吸。

第五节　典型车辆事故

一、叉车事故案例

1. 违章作业把命丧

1988年12月4日，某单位叉车司机甲被派进行铁装卸作业。作业中一装卸工将一袋铁（每袋重900 kg）挂在插车右边的单货叉上，甲将货叉升高到2.6 m后，驾车行驶，当叉车的左后轮驶上左边地面15 cm时，叉车突然失去平衡向右倾倒，叉车司机虽然立即跳车，但避让不及，倾倒的叉车同铁将甲压倒在地面上，致其脑挫伤、多处骨折、内脏出血，经抢救无效死亡。

事故原因：

(1) 叉车司机违章作业，使用单货叉挂运货物，造成叉车偏重失稳倾倒。

(2) 叉车司机在作业中不注意路面情况，致使左后轮驶上15 cm高的土坡，加速了叉车向右倾斜。

(3) 单位安全管理制度不落实，现场作业监督不到位。

2. 无视规章装卸把命送

某年，驾驶员王某驾驶3 t叉车进行小锅炉移位。装卸工李某等人手扶手推车等待叉车装锅炉。叉车第一次把锅炉运到手推车上方下落时，手推车失去平衡发生倾斜。这时李某找来两个长150 cm的木方，横绑在手推车上方，并叫其余4人到两侧扶住锅炉，而他亲自扶把。当叉车把锅炉放在手推车上时，一瞬间锅炉向车把方向滚动，装卸工李某因扶不住车把，跌倒在车把上，锅炉从李某的身上滚过，致其当场死亡。

事故原因：

(1) 叉车驾驶员和装卸工违反装载规定，思想麻痹，冒险蛮干。

(2) 不了解装卸物品的性能、特点。

(3) 用手推车搬运易滚物品存在事故隐患。

(4) 单位安全管理制度不到位。

3. 违章驾驶把命送

某年，某单位厂库管理人员李某（有叉车证），在临下班时接到三车集装箱货物的装卸任务,为了抢时间,当李某装上集装箱送到厂库货架卸下后,货叉架在最高位置不放下即高速倒车去装下一个集装箱,就在高速倒车并急转弯的过程中,叉车突然倾倒,李某被甩出驾驶室,叉车立柱压在李某头部,送医院抢救无效死亡。

事故原因:

(1) 李某违章操作:货叉架没有放下且高速倒车、急转弯。

(2) 临近下班心情急躁,盲目蛮干。

(3) 现场作业安全监督不到位。

二、装载机事故案例

1. 装载机冲倒民房撞死5人

2006年10月9日晚上9时多。某林场石盘山林区,一台装载机在房屋上方约150米高的一道坡上一段只有2米宽的山路行驶,突然失控冲下山坡,沿途撞断一些手臂粗的小杉木,然后直冲向民房,接着又开下两道坡。事故当场造成5人死亡,4人受伤。

事故原因:

(1) 操作人员没有经过系统培训,没有操作证。

(2) 装载机已经使用了十多年,从未在质监部门登记注册。

(3) 装载机驻车制动和紧急制动系统已被卸除,且擅自在公路上行驶。

(4) 司机承认在下坡过程中熄火滑行,导致转向系统失灵。

2. 装载机带病行驶闯大祸

2004年4月20日21时许,杨某在一辆无牌轮式装载机左行驶大灯无效,右行驶大灯脱落的情况下,使用工作灯无证驾驶该机从乡里往城关方向行驶,在某路段跨中心标线占道行驶,与迎面驶来的范某酒后无证驾驶的无牌二轮摩托车相碰刮,造成范某受重伤,在送往医院抢救无效后死亡。该起事故经事发所在县交通警察大队认定,被告人杨某负本起事故的主要责任,死者范某负次要责任。

被害人的妻子提出了要求杨某赔偿28万余元的诉讼请求。

法院判决:在刑事诉讼中,法院鉴于杨某有自首情节,并和附带民事诉讼原告达成赔偿14.4万元的调解协议,从轻判处杨某有期徒刑8个月零10日。

事故原因:

(1) 驾驶员没有经过培训,无证驾驶技术生疏,遇紧急情况时采取避让措施不及。

(2) 车辆无牌,没有经过技术部门检验。

(3) 安全部件不全,为安全行驶留下隐患。

(4) 会车时占据对方行车道。

3. 速成班驾驶员闯大祸

1987年3月,某厂装载机驾驶员未按要求完成安全技术培训15天的学习任务，仅参加 4 天培训就自行返厂开车作业。上班后，其对装载机进行预热发动，因几次发动都不成功，该司机即到车队找到解放八号车协助拖拉发动，解放八号车拖拉装载机（间距 3 m 多）从水泵房处向厂门方向下坡处行驶，当行驶至值班室附近时，装载机左边车轮掉入已挖开的路面沟内（沟深 20 cm 多），机身发生摇摆，装载机司机急打方向盘将车驶上水泥路面后，由于方向盘打死，装载机冲向路右侧的自行车棚。此时，装载机司机陷入恐慌状态，手脚失措，没有采取制动和其他任何措施，致使装载机当场撞倒车棚支撑柱 3 根，撞坏自行车 17 辆，并将顺路右边向下坡方向行走的 1 名职工撞死。

事故原因：装载机司机缺乏正规培训和严格考核，对所驾驶的车辆性能不熟悉，驾驶技术不熟练，安全技术不熟练，安全技术素质较差，在出现紧急情况时，惊慌失措，没有能力进行正确的操作，以至造成事故。

三、推土机事故案例

1. 推土机趴窝京广铁路边

2005 年 5 月 8 日下午，曹某驾驶一辆重达 10 t 的推土机在农业路京广铁路桥上平整土地时，陷在京广铁路下行线旁 1 米多深的斜坡上。抢救人员想方设法，用了 2 个小时才将这个庞然大物拉出来。事故造成北京西至洛阳等 3 趟客车晚点以及部分货车的滞留，损失惨重。

事故发生后推土机斜趴在铁道线边，两只大轮子悬空。旁边两辆大卡车扯出 4 根钢丝绳死死地拽着摇摇欲坠的推土机，一辆大吊车停在旁边却无用武之地。警方立即封锁了现场，控制了当事人，同时通知沿线各单位，注意行车的安全。

事故原因：

（1）驾驶员不了解附近地形和路基的情况下，将车辆开到铁路线边缘的护墙边，结果道路承受不了巨大压力，发生坍塌。

（2）驾驶员忙乱操作失误：踩着油门向上猛冲，但越冲塌得面积越大，最后干脆歪倒在铁路线边起不来。

（3）驾驶员曹某没有经过培训，无操作证上岗。

（4）施工现场监督管理不够。

2. 推土机坠沟压死司机

2003 年 3 月 28 日，某地植物园中心苗圃一挖渠工地，由于该段沟渠弯曲且窄道，容易造成淹涝现象，殃及当地农作物的生长。在对旧沟渠进行整治施工时发生意外，一辆履带式推土机疑因司机操作不当翻下 7 m 高的沟渠里，结果司机被推土机压在水沟中身亡。

事故原因：

（1）对施工现场不了解。

（2）操作不当。

(3) 施工现场监管不到位。

3. 哥伦比亚推土机撞校车,21 名学生丧生

2004 年 4 月 28 日,在哥伦比亚,一台大型推土机下午在首都圣菲波哥大北部进行道路施工作业时,突然失控滑下山坡并撞翻一辆运送学生的校车,造成至少 21 名小学生和 2 名工作人员死亡,另有 36 名小学生受伤。该辆 45 t 重的推土机当时正驶往山上,突然滚下山坡,直坠 20 m 压着高速公路上的校车。本次意外使得高速公路交通堵塞连绵数千米。约 100 名救援人员和警察前往肇事现场进行抢救,出事的学生年龄都在 7 至 12 岁之间。

经警方调查,这台推土机在一处 20 多米高的山坡上进行推土作业时突然熄火。虽然驾驶员采取多种紧急措施,但失控的推土机最终滑下山坡并撞翻一辆行驶中的校车,造成了这起伤亡惨重的悲剧。

事故发生后,当地红十字救援人员立刻赶到事发地点进行抢救,并将伤员送往附近医院急救。警方随后封锁了现场,并对事故原因展开调查。圣菲波哥大市市长卡尔松也赶到医院慰问受伤学生。他宣布圣菲波哥大市将举行 3 天的悼念活动,哀悼在事故中丧生的小学生和工作人员。

四、挖掘机事故案例

1. 某石矿坍塌,两名挖掘机司机遭不测

2005 年 3 月 20 日上午,6 台大型挖掘机正在紧张工作,一车接一车的碎石从潘家山山脚下运走,突然一阵伴随着青烟的巨响过后,数十吨山石从高达六七十米的山坡上滚滚而下,湮没了正在山脚开挖掘机作业的郑某和韩某。

挖掘机司机蒋某是当天石矿塌方最早的目击者之一。

蒋某说:3 月 20 日清晨 6 时左右,他和另一名驾驶员来到事故矿隔壁的一个矿区进行开采。他在下面开挖掘机,另一名驾驶员则准备到矿区顶上看看有没有塌方的危险,突然隔壁传来"哗"一声巨响,伴随着一股青烟,比放炮的声音还响亮。

蒋某一愣神,顶上的工友大声告诉他:"出事了,塌方了!"

蒋某三两步蹿到高点的地方一看,左侧石矿大面积塌方,在大堆的碎石下,露出了一台挖掘机的履带。事后证实,当时在事发地点进行挖掘作业的有两个人,30 岁左右的安徽人韩某和 25 岁的杭州人郑某。

事故原因:

(1) 施工现场管理混乱,安全措施不落实,安全监管不到位。

(2) 挖掘机作业人员缺乏必要的现场施工安全常识,没有自我安全保护意识。

2. 挖掘机挖断高压线,电火乱窜

2006 年 8 月 6 日 9 时,在某市红旗街物业小区内,一辆挖掘机在施工中不慎挖断地下动力电电缆。顷刻间,地下电缆起火,附近锅炉房墙外接线盒起火,小区大门前一变压器放电,动力电开关起火,电线杆顶的万伏高压线起火。由于高压线

在持续放电，抢修人员无法靠近，直到 9 时 45 分，电力部门切断电源，放电半个小时的万伏高压线才熄火。尽管这起事故中无人员伤亡，但周围近 2000 户居民受到影响。

事故起火过程：挖掘机挖断地下动力电电缆短路起火——锅炉房墙外动力电接线盒起火——小区外一变压器放电——动力电开关起火——电线杆顶的万伏高压线起火，电力部门损失 3 万元。

事故原因：

(1) 施工没与相关部门会签。

(2) 现场管理混乱。

(3) 挖掘机驾驶员缺乏必要的安全作业常识。

五、压路机事故案例

1. 压路机翻车，2 人活活摔死

2006 年 6 月 18 日下午 6 时多，在某风景区，培某的两辆压路机干完活，培某和他雇请的司机坐在同一辆压路机上，从山坡上向山下开。公路虽然是水泥路，但由于坡度实在太大，压路机在从一个陡峭的山坡上往下行驶时，刹车突然失灵，车速越来越快，最终一头撞在公路边的山崖上，撞断两根树后翻了车，培某和司机当场死亡。

事故原因：

(1) 道路坡度过陡，驾驶员盲目驾驶。

(2) 安全部件失灵。

2. 盲目倒车险丢性命

某市一处公路施工现场正在作业的压路机突然向后倒车，工人汤某正在压路机后面用锹铲地，压路机顺势将其撞倒，十几吨重的庞大机车压过汤某的左腿和髋部。由于新铺好的沥青还没有完全干，汤某被压在路面里，鲜血喷涌而出。汤某立即被同在一起干活的工人送往医院抢救。这名伤者被送到医院的时候已经休克，血压为零，抬伤者的担架塑料布上积有大约 2000 多毫升的血液，几乎是正常人体内血液的三分之一。经过检查发现，其左腿已经全部撕脱，骨组织外露，盆骨多处骨折。医生为其紧急输血 2200 毫升，输葡萄糖、盐水、血浆共 5000 多毫升。经过 3 个多小时的抢救治疗，汤某终于脱离生命危险。

事故原因：

(1) 驾驶员盲目作业，安全意识不强。

(2) 现场施工作业人员缺乏必要的自我保护意识。

(3) 施工现场管理混乱。

六、其他事故案例

1. 未熄火下车排除故障，司机被自驾车轧死

2006年10月16日上午11时许,109国道贺兰段一施工工地发生一起安全生产事故,一名司机被自己所驾驶的装载机轧死。

事故现场位于109国道与贺兰县主街道交汇处附近。上午11点左右,这辆装载机在施工现场发生故障后,车辆没有熄火,司机朱某就拿着工具下车维修车辆。不料装载机突然开始向后倒退,自重十几吨的装载机从朱某身上碾轧过去,并继续后退大约七八米,撞到施工现场的围墙上才停下,其他施工人员上车将该车熄火。猝不及防的朱某当场身受重伤,被送往市第一人民医院抢救。经抢救无效,朱某于下午2时15分死亡。

2. 无证驾驶三轮车闯大祸

某厂530车间材料管理员甲,经领导同意驾驶58—1三轮载重汽车,在厂内运送材料。一日下午上班后,甲将车停在7车间门口待令,13时30分,甲得知本车间一工人家中失火,便匆忙驾车载人赶往现场救火。车上共乘22人,并放有两个二氧化碳灭火机,除车厢前面有几个人站立外,其他人都坐在车厢里。汽车起步后,即是20°的下坡道,车速很快提高到30 km/h,行驶约40余米后汽车连续跨过两股电动平车轨道,引起汽车剧烈颠簸,方向不稳,由于此时是下坡道,车速越来越快,汽车又行驶100余米后,通过一段130°的右转弯路,这时车速已达60 km/h。甲轻踩刹车,汽车由于强大的离心力向左侧倾翻。该事故造成2人当场死亡,3人重伤,12人轻伤,三轮汽车严重损坏。

事故原因:

(1) 该厂规章制度不健全,管理混乱,甲本是材料管理员,没经过正式培训和考试,属无证驾驶车辆。由于甲没有掌握三轮汽车的性能和特点,缺乏驾驶经验,以致肇事。

(2) 三轮汽车驾驶员由于救火心切,忽视安全行车规定,违章超载,下坡时车速太快,造成高速转弯,是翻车的直接原因。

(3) 领导安全意识差,违章指挥是这起重大事故的潜在隐患。

3. 麻痹大意害自己

1988年11月,某厂叉车驾驶员甲在厂内驾驶叉车进行卸圆木作业。作业中,当其驾车卸完一个货位后,准备移车到另一个货位作业时,其驾驶叉车往后倒行。在倒车时,甲在作业场地较宽阔的情况下,思想麻痹,疏忽大意,没有认真观察后方道路情况,盲目倒车,结果连人带车直接倒入机井内。因落井后衣服被车挂住,甲当场溺死。

事故原因:驾驶员思想麻痹,疏忽大意,认为作业场地宽阔没有认真观察,盲目倒车,导致事故发生。

4. 起步不注意后悔一辈子

1988年12月14日某厂货场。汽车驾驶员甲和4名装卸工执行运煤任务。

装完煤，驾驶员鸣喇叭呼叫装卸工上车。其中 2 人上了驾驶室，驾驶员问："都上来了吗?"一名装卸工说："都上来啦!"此后，甲徐徐开动汽车，车刚走几米，车厢上人就喊停车。甲停车一看，装卸工丁正倒在车后边。原来，汽车开动时，丁还没上来，丁一看车动了，慌忙紧跑几步，脚踏汽车右踏板，手抓车厢上车。丁手没抓住，跌倒在地，汽车右后轮从前半身压过，将左侧肋骨压折六根，造成重伤。

事故原因：汽车开动后，丁违章强行上车，汽车驾驶员没亲自确认，急于开车，以致肇事。

5. 超速行驶，害人害己

1988 年 11 月 4 日 14 时，某农场调度派拖拉机驾驶员驾车回厂运送材料。领车人甲坐在驾驶室右侧的后轮翼子板上，其他装卸人员坐在拖车内。拖拉机以每小时 30 km 以上的速度行驶，当拖拉机进厂后行至一丁字路口应转弯处，领车人甲见驾驶员毫无减速转弯之意，急忙猛喊"转弯"，驾驶员听后，突然转弯。由于车速较快，离心力导致拖拉机立即向右倾翻，拖车连接架扭断，驾驶员和甲均被压在车下，拖车上的装卸工下车将驾驶员和甲救出，急送医院抢救。甲因伤势过重，抢救无效死亡，驾驶员受重伤。

事故原因：

(1) 拖拉机驾驶员违反了《工业企业厂内铁路、道路运输安全规程》转弯行驶速度规定和交叉路口行驶速度规定(每小时不准超过 15 km)，拖拉机速度快，突然转弯，因离心力作用失去平衡，同时受拖斗惯性冲击致翻。

(2) 驾驶员缺乏驾驶经验，执行任务路线不熟，停车人又未提前告之，至转弯处才猛喊转弯，造成驾驶员精神紧张，采取了错误的措施。

(3) 领车人甲违反了《工业企业厂内铁路、道路运输安全规程》随车装卸人员乘车规定，坐在拖拉机后轮翼子板上，驾驶员也没制止。

6. 占道行驶致人死亡

1990 年 9 月 1 日，某厂拖拉机驾驶员甲驾驶拖拉机去厂利废处运送废品，由南向北以 25 km/h 的速度行驶，行驶至厂机加工车间前道路路口附近时，超越一台进厂送料的手扶拖拉机。由于厂区道路路面较窄，拖拉机越线超车后在道路左侧行驶，与迎面而来的两辆并行自行车交会，两骑车人一看非常危险，就急忙紧靠路肩，拖拉机冲过去后，里边的骑车人跌倒在路肩上，外边的骑车人被拖拉机左侧大厢挂钩撞在头上当即死亡。

事故原因：

(1) 拖拉机驾驶员甲违章占道驾车，与自行车交会时没有横向间距，强行超、会车。

(2) 两骑车人安全意识差，发现拖拉机驶来仍并行骑车，没有及时采取避让措施。

7. 违章乘车后悔一生

1982 年 2 月 14 日,某单位一牵引车拖挂一辆装有修理器具的平板车前往修理现场,起重工甲坐在平板车上。当车行驶至某路段时,因车辆行驶速度过快,且路面不平,平板车颠跳了一下,将甲从平板车的中部摔到右前角,牵引车驾驶员见状急忙采取紧急制动,因惯性作用,甲被从车上摔下,平板车的右前轮将甲向前推进约 2 m,致其左肩胛骨骨折,左侧第 3～6 根肋骨骨折,造成一起重伤事故。

事故原因:

(1) 起重工违章乘坐平板车。

(2) 牵引车驾驶员违章载人行驶。

(3) 牵引车行驶速度过快。

8. 沥青混凝土摊铺机事故

2005 年 9 月 9 日,某道路施工企业在沥青路面摊铺作业时,发生混凝土摊铺机将路面作业人员压死的重大安全事故。

当日,该公司在进行路面摊铺作业时,采取人机联合作业:沥青混凝土运输车将混合料运到现场,摊铺后由人工补足找平混合料的不足部分。有一名工人背对着摊铺机的碾压方向进行作业。当洪某驾驶摊铺机向其作业的方向倒退驶来时,由于连日疲劳作业,他没有注意到后方来车,也没有听到工友的及时呼喊,驾驶员又疏于观察,盲目倒车碾压路面,自认为工人应当避让,结果导致摊铺机从该名工人身上压过,工人当场死亡。

事故原因:

(1) 施工现场人机联合作业,安全管理不到位,现场管理人员缺乏责任心。

(2) 驾驶员缺乏安全意识,有侥幸心理,疏于观察是该起事故的直接原因。

(3) 现场作业人员缺乏必要的自我保护意识。

(4) 安全管理制度没有得到落实,反映出该公司管理上存在漏洞。